Campus

Gesamtkurs Latein

Ausgabe B

Prüfungen 1

C.C.Buchner

Campus

Gesamtkurs Latein. Ausgabe B
Herausgegeben von Clement Utz und Andrea Kammerer

Prüfungen 1
Herausgegeben von Michael Lobe und Christian Zitzl
Bearbeitet von Johannes Fuchs, Reinhard Heydenreich und Birgit Korda

BAMBERGER WORTSCHATZ

1. Auflage, 4. Druck 2026
Alle Drucke dieser Auflage sind, weil untereinander unverändert, nebeneinander benutzbar.

Dieses Werk folgt der reformierten Rechtschreibung und Zeichensetzung. Ausnahmen bilden Texte, bei denen künstlerische, philologische oder lizenzrechtliche Gründe einer Änderung entgegenstehen.

produktsicherheit@ccbuchner.de

Bildnachweis für S. 36: www.wikimedia.org / Marie-Lan Nguyen

Redaktion: Laura Kampmann
Layout und Satz: CMS – Cross Media Solutions GmbH, Würzburg
Illustrationen: tiff.any GmbH, Berlin / Heimo Brandt
Umschlaggestaltung: HOCHVIER GmbH & Co. KG, Bamberg
Druck und Bindung: mgo360 GmbH & Co. KG, Bamberg

www.ccbuchner.de

ISBN 978-3-661-**40081**-5

Vorwort

Vor den Preis – das heißt in der Schule bestmögliche Noten – haben die Götter den Fleiß gesetzt. Also solltest du rechtzeitig vor einer Schulaufgabe mit der Wiederholung des Wortschatzes und des Grammatikstoffes beginnen und diesen dann zielgerichtet einüben.

Um dies möglichst effektiv zu tun, kann dir dieses Heft nützliche Dienste leisten. Denn die darin versammelten Prüfungsaufgaben bieten dir vielfältige Übungsmöglichkeiten. Beginnend mit Lektion 5 findest du zu jeder Lektion einen Text, an dem du deine Grammatik- und Wortschatzkenntnisse überprüfen und v. a. das Übersetzen üben kannst, wie es im ersten Teil einer Schulaufgabe verlangt wird. Zur Einübung des zweiten Teils einer Schulaufgabe findest du Extraseiten mit zusätzlichen Aufgaben, in denen du deine Sprachkenntnisse, aber auch den Umgang mit Texten sowie dein Sachwissen testen kannst.

Beachte bei den Übersetzungstexten, dass sie zum Teil „Überlänge" haben, also länger als eine normale Schulaufgabe sind. In solchen Fällen ist durch einen kleinen Strich gekennzeichnet, an welcher Stelle die normale Schulaufgabenlänge erreicht ist. Aber zu Übungszwecken darf es manchmal ruhig ein bisschen mehr sein – dann brauchst du bei kürzeren Texten keine Angst zu haben, dass dich die Konzentration verlässt.

Welche Lektion du zur Bearbeitung der Prüfungsarbeiten mindestens erreicht haben musst, ist jeweils oben auf der Seite angegeben. Da die Prüfungen gezielt Wortschatz und Grammatik der genannten Lektion bzw. der beiden vor ihr liegenden Lektionen überprüfen, wirst du im Grammatik- und Wortschatzteil des Lehrbuches zu diesen Lektionen genau das finden, was dir fehlt.

Ein Hinweis noch: Der dem Heft beigegebene Lösungsteil soll dir oder deinen Eltern als Korrekturhilfe, nicht als Vorlage zum Abschreiben dienen. Nur so kann dir nämlich die Arbeit mit diesem Heft helfen, dich auf deine Schulaufgaben bestmöglich vorzubereiten. Denn das dafür nötige Glück hat auf Dauer nur der / die Tüchtige.

Mögen es in diesem Sinne die Götter gut für dich wenden!

Inhalt

1

nach Lektion 5

Verbrecher im Pferdestall

1. Servi et servae domino parent.
2. Sed nunc tacent, neque rident neque respondent.
3. Itaque dominus servos et servas monet:
4. „Quid est? Cur hic latetis, cur tacetis, cur non ridetis, cur non gaudetis, cur non respondetis, quid timetis? Ubi[1] est Syrus servus?“
5. Lydia serva respondet:

... und deutet dabei auf den Pferdestall.

6. „Ibi scelerati latent. Gladios tenent, Syrum servum torquent.
7. Itaque hic latemus, itaque tacemus, itaque neque ridemus neque gaudemus.
8. Sceleratos timemus. Soni etiam equos terrent.“
9. Subito dominus ridet et respondet:
10. „Sceleratos non timetis, sed larvas[2] timetis, puellas timetis; nam larvae[2] Corinna et Iulia puellae sunt.“

Corinna und Julia kommen aus dem Stall und freuen sich über den gelungenen Scherz:

11. Puellae rident: „Non scelerati sumus, larvae[2] sumus.
12. Sed nunc Syrum servum non iam torquemus, servos et servas non iam terremus.
13. Gladios domino praebemus.“
14. Nunc „larvae[2]“ servis placent.

114 lat. Wörter

[1] ubī? wo?
[2] lārva das Gespenst

2

nach Lektion 6

Raubüberfall

Der Großvater arbeitet mit seinen Sklaven auf dem Landgut.

1. Serva: „Lyde, tene equum! Tum equo aquam praebeo."
2. Servus servae paret et equum tenet.
3. Nunc serva equo aquam praebet. Sed subito Lydus sceleratum videt[1].
4. Sceleratus gladium tenet; itaque servum et servam terret.
5. Serva statim flet. Etiam servus timet.
6. Sceleratus: „Quis est dominus? Ubi[2] latet?"

Der Großvater hört die Worte und eilt herbei.

7. Avus: „Hic sum. Dominus sum. Et quis es?"
8. Sceleratus non respondet, sed primo tacet. Tum: „Ubi[2] sunt cibi? Praebete cibos!"
9. Servi statim scelerato parent et cibos praebent. Cibi scelerato placent.

Dann verschwindet der Mann wortlos wieder im Wald. Der Großvater aber ist froh, dass niemand verletzt wurde.

10. Nunc serva non iam flet, iam ridet. Etiam servus non iam timet.
11. Et dominus gaudet; deis gratiam habet.

92 lat. Wörter

[1] vidēre sehen
[2] ubī? wo?

3

nach Lektion 7

Ruhe vor dem Sturm

Sklaven arbeiten auf dem Landgut. Kinder spielen an einem rauschenden Bach.
Der Herr genießt die Ruhe.

1. Dominus hic sedet et studet.
2. Servi copias complent. Servae equis aquam praebent. Tum domino cibum praebent.
3. Cibus laetitiam domini auget.
4. Turba amicorum et amicarum gaudet.
5. Sed subito amici et amicae, servi et servae tacent. Etiam dominus tacet.
6. Nam venti turbam terrent. Venti etiam equos terrent.

Ein Sturm kommt auf. Scharfe Windstöße fahren Cornelia ins Gesicht und brennen in ihren Augen.

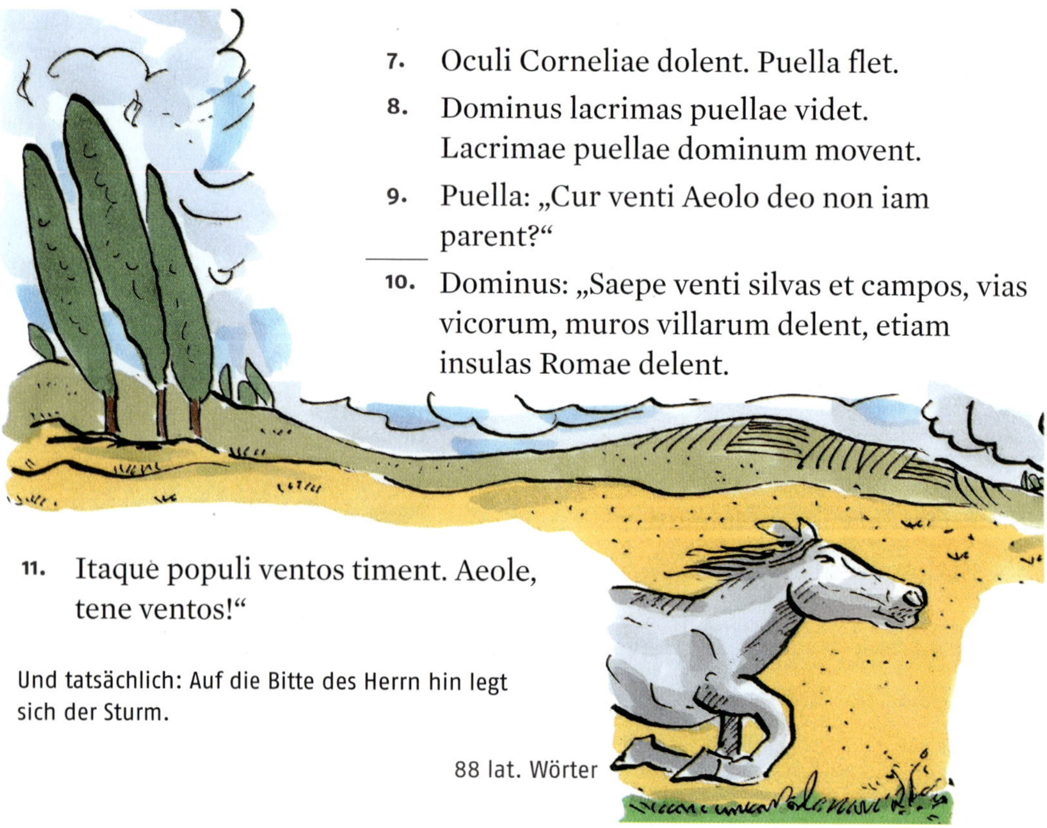

7. Oculi Corneliae dolent. Puella flet.
8. Dominus lacrimas puellae videt. Lacrimae puellae dominum movent.
9. Puella: „Cur venti Aeolo deo non iam parent?“
10. Dominus: „Saepe venti silvas et campos, vias vicorum, muros villarum delent, etiam insulas Romae delent.
11. Itaque populi ventos timent. Aeole, tene ventos!“

Und tatsächlich: Auf die Bitte des Herrn hin legt sich der Sturm.

88 lat. Wörter

4

nach Lektion 8

Überraschender Besuch auf dem Landgut

1. Amici et amicae villam iam intrant.
2. Dominus Lydiam servam vocat, etiam filiam vocat.
3. Filia et serva parent. Statim properant.
4. Dominus: „Laborare debetis.“
5. Tum rogat: „Quis mensam ornat? Quis cibos parat?
6. Laetitiam amicorum augere paro. Amicos delectare studeo. Nam amici cibos amant.“
7. Filia: „Mensam orno.“ Lydia: „Cibos paro.“
8. Filia et Lydia: „Paremus et laboramus. Amicos delectamus.“
9. Profecto cena amicos delectat. Etiam tabulae villae amicis placent.
10. Itaque dominus gaudet et filiae et servae gratiam habet.

73 lat. Wörter

5

nach Lektion 9

Ein trauriger Sklave

Es ist Erntezeit. Der Großvater arbeitet mit seinen Sklaven auf dem Feld.

1. Subito Philippus servus non iam laborat, sed flet.
2. Dominus rogat: „Quid est? Cur fles?“
3. Servus: „Cur Romani semper pugnas parant?
4. Provincias tenetis, captivos habetis. Iniuria est populos pugnis et dolis superare.
5. Cur Romani villas et vicos populorum delent? Cur Romanis semper parere debemus?
6. Romani patriam habent. Sed servi Romanorum patriam non iam vident.“
7. Primo avus tacet, diu dubitat.
8. Tum servo respondet: „Profecto Romani pugnas amant. Itaque domini sunt.
9. Profecto servi hic laborare debent; servi etiam muros et vias augere debent.
10. Sed lacrimas servorum video. Itaque servos neque torqueo neque terreo.
11. Immo[1] servos linguam Romanorum docere studeo.“

96 lat. Wörter

[1] immō im Gegenteil

Zusätzliche Aufgaben I

1. Wähle aus den folgenden lateinischen Fachbegriffen jeweils den aus, der den angegebenen deutschen Fachbegriffen entspricht:

   Singular – Konjugation – Ablativ – Imperativ – Plural – Dativ – Vokativ – Substantiv – Objekt – Genitiv – Prädikat – Numerus – Genus – Artikel

   a) Mehrzahl
   b) Befehlsform
   c) 3. Fall
   d) 6. Fall
   e) Geschlecht
   f) Begleiter

2. Setze die folgenden Nominativformen in den Ablativ. Beachte jeweils den Numerus:
   a) mensa
   b) cibi
   c) pugnae
   d) dolus

3. Übersetze:
   a) Homilia: „Gib dem Herrn Wasser, Syrus! Warum gehorchst du nicht?"
   b) Der Sklave antwortet: „Jetzt bin ich der Sklave der Sklavin."

4. Untersuche, welche Übersetzung die richtige ist, und begründe deine Entscheidung:
   Servus equo domini aquam praebet.
   a) Der Sklave gibt den Pferden des Herrn Wasser.
   b) Der Sklave gibt dem Pferd des Herrn Wasser.
   c) Die Sklaven geben dem Pferd des Herrn Wasser.

5. Ergänze die folgenden Sätze durch den richtigen lateinischen Begriff:
   a) Der Gott der Winde hieß bei den Römern ? .
   b) Römische Schulkinder schrieben nicht auf Papier, sondern auf ? .
   c) Die berühmte ? führte von Rom nach Brundisium.
   d) Die wichtigste Mahlzeit des Tages in Rom war die ? .

6. „Romani sunt domini Europae et Asiae et Africae. Sed amici non sunt. Nam populi dolos et iniurias Romanorum timent. Dolis et iniuriis Romani populos terrent. Nunc Romani etiam Syriam dolo et iniuria tenent. Itaque nunc captivus sum, servus Romanorum sum. Syriam patriam adhuc amo; etiam filiam et filium amo – sed familiam non iam habeo." (T 9, Z. 10–17)
   a) Zitiere den Satz des Textes, der dir Auskunft über den „Beruf" seines Sprechers gibt.
   b) Fasse zusammen, was der Text über Herkunft und Familienstand seines Sprechers verrät.
   c) Arbeite die beiden Hauptvorwürfe, die der Sprecher den Römern macht, aus dem Text heraus, indem du die beiden entscheidenden lateinischen Wörter nennst.
   d) Erkläre, wie der Sprecher die Aussage „Sed amici non sunt." begründet.

6

nach Lektion 10

Woher kommen eigentlich die neuen Sklaven?

1. Servi villam intrant.
2. Titus et Marcus servos spectant et tacent.
3. Amici linguam servorum audiunt, sed linguam nesciunt.
4. Unde veniunt servi? Diu dubitant, tum rogant:
   „Unde venitis, servi? Ubi nunc habitatis?“

Ein anderer Sklave, der schon länger auf dem Landgut arbeitet und die lateinische Sprache einigermaßen versteht, übersetzt die Antwort der aus Syrien stammenden Sklaven:

5. „Syriam patriam desideramus. Hic neque familias neque amicos habemus. Neque villam neque insulas Romae scimus.
6. Linguam Romanorum nescimus. Turbam Romanorum timemus.
7. Nam Romani Syriam patriam dolis et iniuria superant.
8. Nunc Syria patria est provincia Romanorum.
   Captivi Romanorum sumus.“
9. Amici non diu exspectant. Statim servos linguam Romanorum docent.

77 lat. Wörter

7

nach Lektion 11

Unterwegs in der Großstadt

1. Titus et Tullius amici villam et campos et silvas amant.
2. Sed Claudiae et Corinnae amicis aedificia Romae, forum, turba placent.
3. Itaque Claudia et Corinna amicos vocant.
4. Amicae amicos exspectant, diu exspectant. Amici tandem veniunt.
5. Claudia: „Capitolium spectare et forum intrare desideramus."
6. Tullius primo dubitat, sed mox consilium amicarum Tullio placet.
7. Etiam Titus gaudet et ridet.

Wenig später in der Stadt ...

8. Amicae amicos bene docere student:
9. „Hic Capitolium videtis. Ibi templa deorum et dearum spectamus. Romani deis templa aedificant.
10. Romani deos et deas donis delectant. Itaque dei Romanos beneficiis delectant.
11. Portae templorum nunc non patent.
12. Sed videte! Ibi domini curiam intrant. Ingenio consilia parant."

98 lat. Wörter

8

nach Lektion 12

In der Schule des Eudoxus

1. Amici et amicae ex insulis ad ludum properant. Ludus Eudoxi in foro post basilicam est.
2. Discipuli in ludo ante Eudoxum sedent et Eudoxo respondere debent.
3. Eudoxus cum servo discipulos docet. Servus Eudoxi tabulam tenet. Eudoxus discipulos rogat:
4. „Ubi sunt provinciae Romanorum, discipuli? Unde captivi veniunt?
5. Quis deos Romanorum scit? Cur deis templa aedificamus?“
6. Puella sine mora[1] respondet: „In templis deis gratiam habemus.“
7. Eudoxus gaudet: „Recte respondes!“ Puella et amicae rident.
8. Discipuli libenter ad ludum veniunt, nam Eudoxus etiam linguas docet.
9. Ingenium Eudoxi amicis placet.

84 lat. Wörter

[1] mora die Verzögerung

9

nach Lektion 13

Versteckspiel auf dem Forum

1. Paulus quinque amicos habet. Amici Romam patriam amant.
2. Amicis placet in foro aedificia spectare et ludere[1].
3. Itaque Paulus amicos rogat: „Venitisne mecum? Venite mecum! In forum properamus."

Kurz darauf auf dem Forum …

4. Paulus: „Ego in via maneo. Vos properatis in vicos, post muros, ad basilicas. Ego vos invenire studeo."
5. Amici gaudent et consilium Pauli probant.

Alle Freunde haben sich gut versteckt.

6. Paulus in foro errat, sed amicos non invenit. Clamat: „Ubi estis, amici? Ubi latetis?"
7. Paulus iterum clamat, sed amici non respondent.
8. Porta basilicae patet, Tullius post portam sedet.
9. Marcus in turba latet, Iulia ex umbra in basilicam properat, Claudia post statuam (!) manet.
10. Subito Paulus umbram Corinnae videt.
11. Statim properat et amicam tenet: „Ego te teneo, nunc tu amicos invenire debes."

110 lat. Wörter

[1] lūdere spielen

10

nach Lektion 14

Vormittags auf dem Forum Romanum

1. Iam multi domini et multae dominae ad forum Romanum properant.
2. Etiam magna turba servorum et servarum forum complet.
3. Dominae cum parvis filiis e vicis veniunt et basilicas intrant.
4. Ibi primo ornamenta nova probant;
   tum in foro magnam copiam ciborum bonorum parant.
5. Domini ante templum Saturni amicos exspectant.
   Mox amicis de consiliis novis narrant.
6. Tum turbam servorum novorum vident.
   Numerant[1] decem servos et octo servas.
7. Quintus dominus servum parvum spectat et venalicium[2] rogat:
   „Unde tuus servus parvus venit? Mihi placet."
8. Venalicius[2] respondet: „Domine, servus ex Africa venit.
   Parvus, sed bonus est. Bene laborat.
9. Sex e servis meis ex Asia veniunt, cunctae servae ex Africa veniunt.
   Tu scis: Imperium Romanum magnum est."

110 lat. Wörter

[1] numerāre zählen
[2] vēnālicius der Sklavenhändler

11

nach Lektion 15

Aufregung auf dem Landgut

1. Dominus cum familia in villa pulchra cenat.
2. Sed subito verba multorum servorum audit.
3. Servi intrant. Syrus servus clamat: „Filius Lydi servi in villa non est!“
4. Dominus: „Patentne portae? Estne puer miser in via nova?
   Erratne in vico?“
5. Lydus respondet: „Puer vias nescit neque nos puerum invenimus.
6. Domine, te rogo: Voca viros bonos!
   Puerum parvum invenire debemus.“
7. Dominus ad agrum properat et cunctos viros servosque vocat.
8. Statim veniunt et imperia domini audiunt.

Die Suchtrupps werden verteilt; dann wendet sich der Herr an die Sklaven:

9. „Post silvam ager novus est. Ad agrum novum properate!“
10. Profecto puer parvus in agro novo sedet et flet.
11. Tum subito servos domini videt et clamat: „Hic sum. Venite ad me!“
12. Servi verba pueri audiunt et statim respondent: „Iam venimus.
    Nunc timere non iam debes!“

115 lat. Wörter

Zusätzliche Aufgaben II

1. Setze die Adjektive in der richtigen Form zu den Substantiven:
a) puellae (liber) c) donis (pulcher)
b) agro (bonus) d) puer (miser)

2. Füge sinnvoll ein:
nobis, me, ego, mihi, nobiscum
a) Titus: ? discipulus bonus sum.
b) ? placet in ludo esse.
c) Magister ? de patria narrat.
d) Semper ? laudat.
e) Libenter amicus ? ad ludum venit.

3. Ergänze im richtigen Kasus:
a) E ? (curia) venio.
b) Dominae in ? (templa) sunt.
c) In ? (aedificium) properas.
d) Ante ? (porta) exspectant.
e) Cum ? (tu) ad ? (ludus) venio.

4. Lacrimae amicae filiae dominae non placent.
Analysiere diesen Satz: Nenne das Subjekt und bestimme Kasus und Numerus der vier Substantive.
Ersetze das Prädikat placent durch delectant. Welche weitere Veränderung musst du nun vornehmen? (Tipp: Es ändert sich nur ein Buchstabe!)

5. Übersetze:
a) [Syrus zu Anna:] „Eilst du jetzt zum Markt?"
b) [Anna:] „Ich fülle die Vorräte auf. Kommst du mit mir, Syrus?"
c) [Syrus:] „Gerne komme ich mit dir."

6. Ergänze die folgenden Sätze durch den richtigen lateinischen Begriff:
a) Ein von den Römern erobertes Gebiet wurde ? genannt.
b) Eine überdachte Markthalle auf dem Forum hieß ? .
c) Die 54 v. Chr. erbaute Markthalle der Julier wurde von ? erbaut.

7. „Audite, viri Romani! Veni, puer! Venite ad me, o pueri puellaeque! Hic vobis servum bonum praebeo. Ex Africa venit. Campos et agros Romanos non timet. In cunctis campis agrisque bene laborat! Domino semper paret ut puer magistro. Dominus imperat et servi mei statim properant. Etiam in silvis nigris laborant." (T 15, Z. 1–5)

a) Bestimme die folgenden im Text enthaltenen Verbformen: audite, veni, praebeo, venit, properant.
b) Zitiere den Satz des Textes, der dir Auskunft über den „Beruf" seines Sprechers gibt.
c) Gib an, wer das Publikum bildet.
d) Arbeite die Orte heraus, an denen sich der Einsatz der vom Sprecher angepriesenen „Ware" besonders empfiehlt, indem du die entscheidenden Wörter nennst.
e) Gib an, welchen Vergleich der Sprecher verwendet, um die Qualität seiner „Ware" zu veranschaulichen.

12

nach Lektion 16

Eine lehrreiche Schulstunde

1. Magna turba iam in foro est. Hic decem servi ante basilicam stant.
2. Duo equi carros per vias oppidi pulchri trahunt.
3. Pueri ad ludum properant. Magister pueros ante ludum iam exspectat.

Der Unterricht beginnt.

4. Magister: „Vobis narro de magno et bono domino.
Dominus villam pulchram tenet. Multis servis imperat.
5. Saepe servos in silvas nigras, campos, agros, vineas mittit.
Ibi servi bene et diu laborant.
6. Carros frumento et multis copiis complent. Industria[1] servorum domino placet.
7. Servi miseri non sunt.“

Und das hat seinen Grund. Denn der gute Herr lässt seine Sklaven zur Belohnung für ihren langjährigen Fleiß gewöhnlich frei.

8. Discipuli verba magistri libenter audiunt. Magister pueros laudat.
„Audite! Scribite! Sic ingenium vestrum augetis.
9. Mox ludum relinquimus; nam vos ad villam domini duco.
Ibi vobis dominum bonum ostendo.“

102 lat. Wörter

[1] industria der Fleiß

13

nach Lektion 17

Hilfe!

1. Amicus auxilium a Valerio domino rogat. Nam magnam vineam, sed parvam turbam servorum habet.
2. Itaque Valerius amico auxilium mittere probat.
3. Valerius cum servis villam relinquit et servos ad vineam amici ducit.
4. Servi imperiis domini parent, carrum trahunt et fiscos[1] portant.
5. Subito dominus et servi in via consistunt. Quid nimbi[2] nigri indicant?
6. Dominus clamat: „Amico auxilium praebere non iam possumus. Nam venti et aquae viam delent.
7. Itaque nuntium ad amicum mitto. Amicus sine nobis in vinea laborare debet.“

76 lat. Wörter

[1] fiscus der Korb

[2] nimbus die Gewitterwolke

14

nach Lektion 18

Familienausflug

Vor dem Morgengrauen sind wir mit einem Freund vom Landgut aufgebrochen, um nach Rom zu reisen. Nach einigen Stunden anstrengender Fahrt steht die Sonne schon hoch am Himmel.

1. Equi carrum familiae nostrae trahunt.
2. Servus equos per agros pulchros ducit.
3. Fessi[1] sumus umbramque desideramus.
4. Itaque consistimus: Nunc tandem in umbra parvae silvae aquam bibere et cibos bonos cenare possumus.
5. Amicus me rogat: „Praebe mihi vinum! Nam vinum tuum bonum est."
6. Statim serva adest et vinum novum portat.
7. Amicus vinum bibit. Ego amicum rogo: „Placetne tibi vinum?"
8. Amicus me laudat: „Vinum tuum mihi semper placet. Vineae vestrae bonae sunt, ut scio."
9. Gaudeo et amico gratiam habeo.
10. Subito autem filia mea post agros parva aedificia aspicit et rogat:
11. „Nonne aspicis aedificia pulchra? Suntne templa parva?"
12. Amicus ridet et narrat: „Sic non est. Non templa, sed sepulcra[2] virorum mortuorum aspicis.
13. Romani viris mortuis sepulcra[2] aedificant.
14. Mox autem in parvo oppido templa spectare potes."

121 lat. Wörter

[1] fessus, a, um müde

[2] sepulcrum das Grabmal

15

nach Lektion 19

Ein Kaufmann möchte Senator werden

1. Metilius mercator est. Ornamenta in basilica oppidi vendit.
2. Magnam pecuniam[1] habet, sed honorem senatoris petit.
3. Itaque in foro stat et clamat: „Domini, ego apud amicos in magno honore sum, etiam apud imperatorem in honore sum. Nunc honorem senatoris peto.
4. Ego in magna villa habito. Ego multis servis impero.
5. Decem vineas pulchras, quattuor silvas, octo agros teneo.
6. Amicis miseris semper adsum. Cunctis amicis beneficia praebeo. Deis sacra facio.
7. Hodie mercator bonus et clarus sum, mox etiam senator bonus sum. Itaque me create!“

---

8. Populus verba mercatoris neque probat neque laudat:
9. „Tua verba nos non movent.
10. Nam vitam miseram servorum tuorum bene scimus. Beneficia tua nescimus. Te creare nobis non placet.“

108 lat. Wörter

[1] pecūnia das Geld

16

nach Lektion 20

Vorsicht, Diebe!

Zwei römische Polizisten berichten:

1. Hodie magna turba in foro est. Nam imperator cum senatoribus in curia est.
2. Mercatores dominis cibos, vinum, ornamenta vendunt.
3. Manlius senator mercatores petit, quod uxorem parvo ornamento delectare vult.
4. Manlius apud mercatores magno in honore est, quia semper ornamenta parat.
5. Subito magnum clamorem audimus: „Venite! Adeste! Capite fures!“
6. Dum Manlius ornamentum probat, duo fures adsunt. Fures ornamenta capere nolunt. Pecuniam habere malunt.
7. Dum senatori adesse paramus, servi mercatorum fures iam capiunt.
8. Quamquam fures se liberare volunt, servi sceleratos tenere possunt.
9. Nos autem animum servorum laudamus. Tum fures deducimus.

88 lat. Wörter

17

nach Lektion 21

Auf dem Markt

1. Hodie multae mulieres cum servis in foro sunt.
2. Etiam uxor senatoris in forum venit, quia copiam ciborum complere vult.
3. Dum mulieres ante mensas mercatorum stant, mercatores pretia ciborum et vinorum indicant.
4. Ubique[1] clamor magnus est, quia viri mulieresque rident, vocant, amicos salutant.
5. Sed non solum[2] in foro, sed etiam in basilica turba est.
6. Hic mercator mulieribus ornamenta parva ostendit, ibi mercatores viris tabulas pulchras vendunt.
7. Mercatoribus turba placet, quia multa ornamenta et tabulas vendere volunt.

---

8. Et furibus turba placet. Nam voluntas furum est pecuniam capere.

85 lat. Wörter

[1] ubīque überall
[2] sōlum nur

Zusätzliche Aufgaben III

1. Subito Secundus: „Quid vis? O Zosime, veni, propera, ades mihi! Fur me terret." Dum Secundus clamorem facit, Zosimus auxilium praebet et furem capit. „Mitte pecuniam, scelerate!" Statim viginti viri adsunt. Quamquam fur flet, Zosimus et Secundus furem liberare nolunt, sed statim sceleratum ad vigiles (Polizei) trahunt. (**T** 20, Z. 11–16)

a) Stelle alle Prädikate des Textes zusammen, die im Plural stehen. Bilde dann die entsprechende Form des Singular.

Plural	Singular

b) Markiere alle Gliedsätze im Text.
c) Zitiere den Satz aus dem Text, der aufzeigt, warum Secundus den Zosimus zu Hilfe ruft.
d) Beantworte mit einem kurzen Satz, wozu Zosimus den Dieb auffordert.
e) Nenne die Zahl derer, die Zosimus und Secundus zu Hilfe eilen.
f) Erkläre in einem Satz, wie der Dieb versucht, wieder freizukommen.
g) Gib an, wen Secundus zu Beginn des Textes mit „Quid vis?" anspricht.

2. Bilde sinnvolle Wortpaare, z. B. discipulum docere:
carrum – aquam – nuntium
bibere – scribere – trahere

3. Übersetze:
a) Der Vater sucht heute mit den Senatoren die Kurie auf.
b) Sie wollen dem berühmten Feldherrn ein neues Ehrenamt geben.

4. Ergänze die folgenden Sätze durch die richtige lateinische Angabe:
a) Der Schutzherr römischer Klienten wurde als ? bezeichnet.
b) Der Hausvater besaß die ? über die römische Familie.

5. Ergänze die folgenden Sätze durch den richtigen deutschen Begriff:
a) Die Stadt Pompeji liegt in der fruchtbaren Gegend von ? .
b) Nekropolen waren ? außerhalb der Stadtmauern.

18

nach Lektion 22

Jupiter – ein Rekordhalter

Die Lateinschüler der 5. Klasse fragen ihren Lehrer, wie viele Tempel im antiken Rom standen. Der Lehrer hat die Zahl sofort parat: mindestens 147! Übersetze, was er noch zu erzählen weiß:

1. Cuncti populi antiqui deis multa templa aedificabant.
2. Et Romani deos deasque magnis templis delectabant.
3. Itaque non solum Saturnus et Concordia – ut scitis –, sed etiam Minerva et Diana et Neptunus, frater Iovis, magna et clara templa habebant.
4. Sed Iuppiter, summus deus, ceteros deos numero[1] templorum superabat.
5. Nam decem templa Iovis in variis vicis forisque Romae erant. Maximum[2] autem templum Iovis in Capitolio erat.
6. Quia pater deorum Romanis magna beneficia dabat, populus Romanus deo caeli gratiam habebat; aras[3] Iovis vino et frumento complebat, multa dona fratri Neptuni praebebat.
7. Itaque Iuppiter populo Romano aderat; imperatorem, senatores, viros mulieresque Romanas servabat, ut Romani existimabant.

100 lat. Wörter

[1] numerus die Zahl, die Anzahl
[2] māximus, a, um der größte
[3] āra der Altar

19

nach Lektion 23

Carcophorus – ein Star des Amphitheaters

Bei der Eröffnung des größten Amphitheaters Roms, des Kolosseums, trat unter anderem ein Mann namens Carcophorus auf. Er muss solche Wundertaten vollbracht haben, dass der Dichter Martial gleich zwei Gedichte auf ihn verfasst hat.

1. Carcophorus non gladiator, sed bestiarius[1] erat.
2. Itaque negotium Carcophori non erat cum gladiatoribus pugnare, sed magnas bestias interficere.
3. Vir clarus semper cum quinque, saepe etiam cum decem bestiis pugnabat.
4. Itaque viri mulieresque e cunctis partibus imperii Romani ad amphitheatrum urbis veniebant, quia Carcophorum spectare volebant.
5. Dum ceteri bestiarii[1] pugnant, populus parva cum laetitia pugnas spectabat.
6. Cum[2] autem Carcophorus arenam (!) intrabat et populum salutabat, cuncti Romani magnum clamorem faciebant.

7. Nam sciebant: Carcophorus semper summa cum virtute pugnat.
8. Numquam mortem vel dolores timebat. In cunctis pugnis victor erat.
9. Itaque Romani Carcophorum propter summam virtutem per multos annos laudabant et amabant.

99 lat. Wörter

[1] bēstiārius der Tierkämpfer
[2] cum immer wenn

20

nach Lektion 24

Gladiatoren in Rom

1. Romani ludos gladiatorum amabant.
2. Itaque homines e cunctis regionibus ad ludos in urbem veniebant; ibi pugnas bestiarum et gladiatorum in amphitheatro spectare volebant.
3. Gladiatores per portam arenam (!) intrabant. In arena primo multitudinem hominum salutabant, tum cum bestiis vel gladiatoribus pugnabant.

4. Gladiatores populum virtute delectare debebant.
5. Nam populo licebat gladiatori vitam dare[1], si bene pugnabat.
6. Itaque gladiatores clari non dolo et iniuria, sed virtute victores esse studebant.

66 lat. Wörter

[1] vītam dare das Leben schenken

21

nach Lektion 25

Streit im Amphitheater von Pompeji

In den Weinbergen macht Zosimus gerade Mittagspause. Während sich alle ausruhen, erzählt er dem Secundus und dessen Cousin Marcus, dass sich im Jahre 59 v. Chr. in Pompeji etwas Schreckliches ereignet hat: eine Massenschlägerei mit Todesfolgen!

1. Zosimus: „Turba in foro erat. Mercatores cibos et vina vendebant, viri mulieresque gaudebant.
2. Subito autem vir in forum properavit et vocavit: ‚Venite in amphitheatrum, viri mulieresque!
3. Properate ad ludos! Ibi gladiatores clari sub oculos vestros veniunt.
4. An pugnas, pericula, mortes, victores videre non vultis?‘
5. Non solum Pompeiani[1] ad amphitheatrum properaverunt, sed etiam Nucerinorum[2] turba amphitheatrum intravit.
6. Dum gladiatores pugnant, subito Nucerini[2] verba mala et iniurias audiverunt.
7. Nam Pompeiani[1] clamaverunt: ‚Cur spectacula[3] nostra spectatis, Nucerini[2]?
8. Quin nos relinquitis, quin negotia vestra curatis? Fures et scelerati estis!‘
9. Nucerini[2] autem – mirum non est – verba mala non probaverunt neque pugnare dubitaverunt.
10. Cum Pompeianis[1] per multas horas pugnabant.“

Bei dieser Massenschlägerei gab es viele Tote. Als diese schlimme Nachricht Rom erreichte, entschied der Kaiser, dass in Pompeji zehn Jahre lang keine öffentlichen Veranstaltungen mehr stattfinden durften.

102 lat. Wörter

[1] Pompēiānī, ōrum die Einwohner von Pompeji
[2] Nūcerīnī, ōrum die Einwohner von Nuceria (Stadt in Kampanien)
[3] spectāculum das Schauspiel

22

nach Lektion 26

Ein Erdbeben – zwölf zerstörte Städte

Wir schreiben das Jahr 17 n. Chr. Seit drei Jahren regiert Kaiser Tiberius das Römische Reich, als sich plötzlich in Kleinasien, der heutigen Türkei, ohne jede Vorwarnung eine schreckliche Naturkatastrophe ereignet:

1. Nox alta erat.
2. Somnus[1] altus homines et bestias tenebat, cum subito magnum periculum civitates Asiae provinciae terruit.
3. Primo sonus mirus homines excitavit[2], tum terra multas horas se movebat.
4. Timor cunctos homines tenebat.
5. Quia lux solis deerat, homines nihil aspicere poterant; fragorem[3] tantum aedificiorum et voces virorum mulierumque audiverunt.
6. Itaque etiam pueri puellaeque magna voce fleverunt.
7. Cunctae familiae, quia tecta urbesque relinquere voluerunt, fugam paraverunt, tum vias compleverunt et ex oppido in agros properaverunt.
8. Sic turba tandem se e periculo servavit.

80 lat. Wörter

[1] somnus der Schlaf

[2] excitāre aufwecken

[3] fragor, ōris das Krachen

23

nach Lektion 27

Katastrophe in Kampanien

1. Homines sub Vesuvio monte multa oppida aedificabant.
2. Nam eam regionem pulchram amabant. Pericula montis nesciebant.

Dann aber brach unerwartet eines Tages der Vulkan aus ...

3. Primo monstrum mirum nigrumque e monte surgebat.
4. Tum lux solis defuit. Etiam oppidum in tenebris iacuit.
5. Itaque multae familiae fuga salutem petere maluerunt quam in oppido manere.
6. Clamor hominum oppidum complevit.
7. Multi homines per tenebras miras erraverunt et per portas in agros properaverunt.
8. Parva autem pars populi oppidum relinquere dubitavit. Homines miseri sub tectis aedificiorum manebant; sic ii vitam servare temptabant.
9. Sed frustra[1] auxilium exspectabant, quia mons cuncta tecta delebat; multi homines vitam amittebant.

89 lat. Wörter

[1] frūstrā vergeblich

Zusätzliche Aufgaben IV

1. Apud Romanos antiquos multi dei erant. Summus deus Iuppiter erat, pater multorum deorum. Iuppiter caelo et terris imperabat. Multi dei filiae et filii Iovis patris erant, ut Minerva et Diana; Minerva dea sapientiae (der Weisheit) erat, Diana dea bestiarum. Neptunus autem erat frater Iovis dominusque aquarum. Nuntius deorum Mercurius erat. (T 22, Z. 1–5)

   a) Bilde zu den folgenden Prädikaten des Textes die entsprechenden Perfektformen: erant, erat, imperabat.
   b) Bestimme aus dem Kontext den Kasus und den Numerus der folgenden im Text enthaltenen Substantive: dei, caelo, terris, filiae, filii, sapientiae.
   c) Stelle alle hier genannten Götter zusammen und belege mit Begriffen aus dem Text, für welche Bereiche jeder Gott zuständig war.
   d) Nenne für drei im Text aufgeführte Götter deiner Wahl jeweils ein Merkmal, woran du sie auf Abbildungen erkennen kannst.
   e) Ordne folgenden römischen Gottheiten ihren ursprünglich griechischen Namen zu:

   Venus ______________________

   Bacchus ______________________

   Iuno ______________________

2. Unterstreiche alle Genitivformen:
   solis – leoni – partis – portis – doloris – annis – dolis – hominis

3. Bilde die entsprechenden Pluralformen:
   a) regioni
   b) timore
   c) mons
   d) periculo
   e) sorori
   f) mulierem

4. Passe die in Klammern stehenden Adjektive an die Substantive an:
   a) (magnus) virtutis
   b) (parvus) fontem
   c) (magnus) partes
   d) victori (clarus)
   e) hominum (miser)
   f) nationibus (liber)

5. Ergänze die folgenden Sätze richtig:
   a) Der römische Gott des Krieges hieß ? .
   b) Wasserleitungen, die das Wasser aus den Bergen nach Rom leiteten, wurden ? genannt.

6. Auf welche lateinischen Wörter lassen sich die folgenden Fremdwörter zurückführen?
   a) luxuriös
   b) variabel
   c) Antiquität
   d) regional
   e) national
   f) partiell

24

nach Lektion 28

Herkules' erste Heldentat

Schon als Kleinkind musste Herkules um sein Leben kämpfen. Die Göttermutter Juno (Iuno) hasste ihn nämlich, weil ihr Göttergatte Jupiter wieder einmal ein Kind in die Welt gesetzt hatte ... mit einer anderen Frau! Diese hieß Alkmene (Alcmena):

1. Hercules filius Iovis et Alcmenae fuit.
2. Sed etsi Iuppiter pater Herculis fuit, vita eius saepe summo in periculo erat.
3. Iuno enim, uxor Iovis, filium Alcmenae non amavit, sed eum interficere studuit.
4. Itaque Iuno duas serpentes[1] in tenebris noctis ad tectum Herculis misit.
5. Mater eius neque eas bestias nigras aspexit neque periculum sensit.
6. Ecce! Serpentes[1] puerum iam temptaverunt, circumdederunt[2], torserunt.
7. Hercules puer non flevit, sed miram virtutem praestitit.
8. Nam sine armis[3] bestias superavit. Eae vitam amiserunt.
9. Dum serpentes[1] mortuae in terra iacent, Hercules victor risit.

Erst jetzt erschienen, vom Lärm aufgeschreckt, Alkmene und die Kammerdienerinnen. Sie erkannten an den beiden erwürgten Schlangen die göttliche Macht des Herkules.

84 lat. Wörter

[1] serpēns, ntis *f* die Schlange
[2] circum-dare umringeln, umschlängeln
[3] arma, ōrum *n Pl.* die Waffen

25

nach Lektion 29

Schwierige Entscheidung

Als Herkules 18 Jahre alt war und schon einige Heldentaten vollbracht hatte, setzte er sich eines Tages an eine Weggabelung. Er überlegte, wie sein weiterer Lebensweg aussehen sollte ...

1. Hercules in via sedit et dubitavit:
2. „Iam multas urbes vidi, iam multas bestias vici, iam multa facta clara feci.
3. Sed nondum viam futuram[1] vitae meae inveni.
4. Quis mihi consilium bonum dare potest?“
5. Subito autem duae mulieres ad Herculem venerunt et se ad eum verterunt.

Die zwei Frauen waren Göttinnen. Die eine trug ein prächtiges Gewand, die andere ein schlichtes.

6. „Audi! De caelo descendimus. Deae sumus. Ego sum Luxuria. Apud dominos regesque in summo honore sum.
7. Si mecum venis, neque laborare neque studere debes. Vita futura[1] plena laetitiae est.“
8. Sed Virtus dea dixit: „Si Luxuriae pares, Hercules, honorem parare vix potes.
9. Si gratiam et honores parare vis, pugnare et laborare debes. Sic post mortem deus esse potes.“
10. Tum deae Herculem reliquerunt. Is autem comprehendit: „Si vir clarus esse volo, verbis Virtutis parere debeo.“

117 lat. Wörter

[1] futūrus, a, um zukünftig

26

nach Lektion 30

Gespenstergeschichte

Kinder erzählen von einer Nacht in einem Geisterhaus:

1. „Subito larva[1] adfuit. Statim magnus timor nos torsit.
2. Dum tacemus, monstrum mirum narravit:
   ‚Ego – ut vos – homo sum.
3. Sceleratus autem eram. Nam eam villam nocte cum armis intravi
   et dominum cunctosque servos interfeci.‘

Zur Strafe – so berichtet das Gespenst – müsse es nun ewig in diesem Haus spuken ...

4. ‚Sed nunc gaudeo, quod vos villam intravistis. Auxilium a vobis peto.
   Iam diu amicos desidero.
5. Itaque ad vos veni. Nam libertatem et salutem mihi dare potestis,
   si timorem superatis et ...‘
6. Subito monstrum tacuit et ... clamavit: ‚Ecce! Lux adest! Sol surgit.
7. Nunc vos relinquere debeo, sed postera[2] nocte me iterum
   videre potestis. Etsi vir malus fui, tamen mihi adesse debetis.‘
8. Tum ad murum properavit et per murum transiit[3].
9. Nos autem noctem posteram[2] non exspectavimus,
   sed ea hora villam reliquimus.“

113 lat. Wörter

[1] lārva das Gespenst
[2] posterus, a, um der nächste
[3] trānsīre hindurchgehen

27

nach Lektion 31

Der Tod Laokoons

Die Geschichte vom Trojanischen Pferd beschäftigt Eudoxus' Schüler. Sie möchten mehr darüber erfahren:

1. Discipuli: „Scimus, Eudoxe, Laocoontem virum honestum fuisse.
2. Itaque Laocoon Troianos verbis claris monuit: ‚Timeo Danaos[1], etsi dona nobis portant. Prohibete equum ab urbe! Servate vos liberosque vestros!
3. Nonne comprehenditis dolum in eo equo latere?‘
4. Cur autem Troiani periculum non animadverterunt, Eudoxe?
5. Cur ii verbis Laocoontis non cesserunt?“
6. Eudoxus: „Studium vestrum certe mihi placet, discipuli!
7. Itaque vobis libenter respondeo.
8. Constat deos Laocoontem punire[2] voluisse.
9. Laocoon enim non semper voluntati deorum paruit.
10. Itaque dei duas serpentes[3] magnas ad Laocoontem miserunt.
11. Homerus[4] narrat eas virum filiosque eius petivisse et ante oculos Troianorum interfecisse.
12. Troiani putaverunt id signum[5] deorum fuisse. Itaque equum in urbem traxerunt.“

101 lat. Wörter

Laokoongruppe. Um 50 v. Chr. Rom, Vatikanische Museen.

[1] Danaī, ōrum die Griechen
[2] pūnīre bestrafen
[3] serpēns, ntis *f* die Schlange
[4] Homērus Homer (griechischer Dichter, unter dessen Namen die „Ilias" überliefert ist)
[5] sīgnum das Zeichen

28

nach Lektion 32

Odysseus und Kalypso

Wie Äneas musste auch Odysseus (Ulixes, is), nachdem er Troja verlassen hatte, viele Irrfahrten und Abenteuer bestehen. Erst nach zehn Jahren konnte er nach Hause zu seiner Frau Penelope (Penelopa) zurückkehren. Ein „Abenteuer" stellte die schöne Nymphe Kalypso (Calypso, onis) dar, die den Odysseus nicht mehr von ihrer Insel weglassen wollte.

1. Tandem Ulixes ad insulam venit, ubi Calypso, mulier pulchra, vivebat.
2. Ulixes in ora errabat, cum subito Calypso eum aspexit. Statim amor eam cepit.
3. Calypso Ulixem secum ad tectum suum adduxit.
4. Ea enim putavit se nunc maritum bonum invenisse.
5. Itaque Calypso eum semper apud se tenere voluit.
6. Et Ulixes primo eam mulierem amabat.
7. Non iam de Penelopa uxore cogitabat; neque patriam neque cives curabat.
8. Nam Calypso eum amore multisque beneficiis delectabat.
9. Itaque Ulixes septem annos apud mulierem pulchram manebat.
10. Diu ea vita bona Ulixi placebat, sed tandem secum cogitavit:
11. „Nunc oportet me patriam petere et uxorem meam convenire."
12. Calypso autem eum virum amittere noluit. Ulixem in insula sua tenere voluit.
13. Sed potestas deorum plus[1] valuit quam voluntas mulieris: Iuppiter amori finem fecit ... Ulixes patriam petivit.

125 lat. Wörter

[1] plūs mehr

29

nach Lektion 33

Die Eroberung Trojas

1. Audivistis filium regis Troianorum Helenam[1], mulierem pulchram, amavisse.
2. Quamquam Helena[1] uxor regis Graecorum erat, Paris[2] eam secum in patriam deduxit.
3. Itaque Graeci Troiam temptaverunt.

Lange Zeit blieb der Krieg unentschieden, bis die Griechen zu einer List griffen: Sie bauten ein riesiges Pferd aus Holz und stellten es am Strand vor Troja auf.

4. Quia id donum Troianis placuerat, Troiani magnum equum in urbem traxerunt.
5. Putaverant enim Graecos finem belli fecisse.
6. Sed Troiani errabant; nam viri Graeci in equo latebant.
7. Ii sperabant se eo dolo urbem capere posse.

Diese Hoffnung sollte sich erfüllen. Die Trojaner feierten ausgelassen den vermeintlichen Sieg. Siegestrunken lag dann alles im Schlaf ...

8. Nocte viri ex equo descenderunt et ad portas urbis properaverunt. Iam portae patebant. Ceteri Graeci ante portas iam multas horas id exspectaverant.
9. Nunc multitudo Graecorum Troiam intravit. Paulo post Graeci urbem ceperant, magnam partem Troianorum interfecerant.
10. Constat non multos Troianos fuga vitam servavisse.

101 lat. Wörter

[1] Helena Helena
[2] Paris, Paridis *m* Paris

Zusätzliche Aufgaben V

1. **Titus:** „Comprehendisne? Specta: Hercules apud Augiam mansit; primo tauros magna voce e stabulo egit et in campos misit, tum ad Alpheum descendit. Ibi aquam e fluvio ad stabulum duxit. Dolores Herculem non torserunt, is virtutem non amisit. Primo consilium capit, tum egit: Aquam in stabulum vertit – ita stabulum purgavit. **Valerius:** „Ah ... verba tua me moverunt – et fabulam nunc tandem comprehendi: Hercules non tantum vi, sed ingenio vicit." (T 29, Z. 14–25)

   a) Bestimme die folgenden Prädikate aus dem Text und gib an, woran du die Perfektformen erkannt hast: comprehendis, egit, misit, moverunt, comprehendi, vicit.
   b) Bilde zu allen Perfektformen aus a) die entsprechende Form des Plusquamperfekts.
   c) Weise an zwei Belegen aus dem Text nach, dass es sich um ein Gespräch handelt.
   d) Erläutere knapp, wer Augias war und welche Aufgabe er Herkules gab.
   e) Erkläre mithilfe des Textes die Aussage des letzten Satzes.

2. Welche Übersetzung ist die richtige?

   a) Marcus scit se discipulum bonum esse.
   (1) Marcus weiß, dass er ein guter Schüler war.
   (2) Marcus weiß, dass sie gute Schüler sind.
   (3) Marcus weiß, dass er ein guter Schüler ist.

   b) Avus servam videt. Scit eam cenam paravisse.
   (1) Der Großvater sieht die Sklavin. Er weiß, dass sie ein Essen bereitet.
   (2) Der Großvater sieht die Sklavinnen. Er weiß, dass sie ein Essen bereiten.
   (3) Der Großvater sieht die Sklavin. Er weiß, dass sie ein Essen bereitet hat.

3. Übersetze:

   a) Es steht fest, dass die Liebe eines Mannes Troja zerstört hat.
   b) Wir wissen, dass viele Männer mit Hilfe eines Pferdes die Stadt besiegt haben.

4. Auf welche lateinischen Wörter lassen sich die folgenden Fremdwörter zurückführen?

   a) Labor
   b) Genie
   c) Offizier
   d) Korrespondent
   e) Imperativ
   f) zivil

5. Ergänze die folgenden Sätze durch die richtigen Eigennamen:

   a) Äneas musste in Latium gegen ? kämpfen.
   b) Äneas musste aus Troja vor den ? fliehen.
   c) Äneas traf in Karthago die schöne Königin ? .

30

nach Lektion 34

Die Geburt des Ödipus

Ödipus war der Sohn von Laios (Laius), dem Herrscher von Theben (Thebae, arum) ...

1. Per multos annos Laius, rex Thebarum, liberis carebat.
2. Tandem uxor dixit: „Non debes desperare, marite.
3. Puto enim deos preces[1] nostras audivisse."
4. Rex primo ea verba uxoris magna cum laetitia audiverat; paulo post autem comprehendit se in summo periculo esse.
5. Laius enim per somnum[2] viderat filium in animo habere patrem interficere.

Nachdem Iokaste, die Frau des Laios, tatsächlich einen gesunden Sohn zur Welt gebracht hatte, geschah Folgendes:

6. Laius consilium acre cepit et militibus imperavit:
7. „Portate puerum ex urbe et interficite eum!"
8. Milites autem imperio regis non paruerunt.
9. Quia puerum tam parvum occidere noluerunt, eum in montibus reliquerunt.
10. Ibi Periboea, uxor regis Corinthi[3], clamorem pueri audiverat, auxilium celere praebuit, eum secum portavit, tamquam filium curavit.

Periböa nannte das kleine Findelkind Ödipus („Schwellfuß"), da man den Kleinen nicht nur ausgesetzt, sondern ihm zuvor auch noch die Fersen durchstochen hatte. Wie es mit unserem „Schwellfuß" weitergeht, erfahrt ihr im nächsten Text.

97 lat. Wörter

[1] prex, precis *f* die Bitte, das Gebet
[2] per somnum im Traum
[3] Corinthus Korinth (griechische Stadt)

31

nach Lektion 35

Ödipus erfüllt die Prophezeiung

König Laios hatte geträumt, dass sein Sohn, der bald auf die Welt kommen sollte, ihn töten werde. Deshalb ließ er ihn gleich nach der Geburt aussetzen. Auf Umwegen kam er jedoch zu Periböa, der Königin von Korinth (Corinthus), die ihn aufzog wie einen eigenen Sohn.

1. Oedipus iam iuvenis fortis erat.
2. Omnes amicos comitesque virtute mira superabat.
3. Postquam Oedipus per multos annos apud regem Corinthi vixit, omnes cives putabant eum filium regis esse.
4. Sed unus e comitibus sciebat uxorem regis Oedipum puerum in montibus invenisse; itaque iuvenem accusavit:
5. „Constat te filium regis nostri non esse. Relinque urbem et regionem nostram!“
6. Oedipus eis verbis crudelibus doluit, sed se defendere non potuit.
7. Sensit enim ea verba comitis falsa[1] non esse.
8. Itaque profecto Corinthum amicosque dulces tristi animo reliquit.
9. Dum Delphos[2] petit, subito in via carrum vidit. Vir de carro descendit et Oedipo imperavit:
10. „Cede statim de via, iuvenis turpis!“
11. Quod verba acria viri Oedipum violaverant, de loco non cessit; eum virum comprehendit et occidit.

Wie sich später herausstellen sollte, war der unbekannte Mann niemand anderes als Laios, der Vater von Ödipus. Er war genau zur selben Zeit wie sein Sohn unterwegs zum Orakel von Delphi gewesen. Somit hatte sich die Prophezeiung des Orakels doch erfüllt.

116 lat. Wörter

[1] falsus, a, um falsch

[2] Delphī, ōrum Delphi (Ort in Griechenland, berühmte griechische Orakelstätte des Gottes Apollo)

32

nach Lektion 36

Äneas flieht aus Troja

1. Aeneas, qui viderat se urbem non iam defendere posse, comites suos ad se vocavit et dixit:
2. „Quamquam milites nostri summa cum virtute pugnaverunt, multi cives mortui sunt.
3. Graeci Troiam, quam decem annos defendebamus, ceperunt.
4. Constat nos urbem servare non posse. Oportet nos fuga salutem petere.
5. Nam officium meum est vobiscum urbem novam condere. Sic dei imperant.
6. Hic in ora manete et me exspectate!“

Nach diesen Worten kehrt er in die Stadt zurück, wo er auf der Flucht seine Frau verloren hatte.

7. Dum comites Aeneam exspectant, is vir pius in tenebris uxorem diu quaerebat, sed non inveniebat.
8. Putabat Graecos crudeles eam interfecisse.
9. Postquam de salute uxoris desperavit, iterum ad oram properavit.
10. Ibi etiam pater, quem ex urbe portaverat, et parvus filius eum exspectabant.
11. Tum omnes Troiani locum tristem et patriam reliquerunt.

112 lat. Wörter

Zusätzliche Aufgaben VI

1. Jupiter schimpft auf Dido und Äneas:
„Ecce! Dido diu urbem aedificiis et monumentis ornabat. Nunc autem neque aedificia neque cives curat. Aeneam amat. Itaque se tantum et Aeneam curat. Salutem sibi tantum quaerit. Non iam de officiis et de civitate, sed de se et de magno amore suo narrat. Et vide Aeneam! Is non iam gladium secum habet, non iam de patria nova cogitat, non iam pius est." (T 32, Z. 1–7)

a) Bilde einen AcI, indem du den letzten Satz von Video ... abhängig machst.
b) Erläutere kurz, um wen es sich bei Dido und urbem im ersten Satz handelt.
c) Arbeite mit Belegen aus dem Text heraus, was Jupiter am Verhalten der Dido und des Äneas auszusetzen hat.
d) Erkläre die Absicht bzw. Wirkung der dreimaligen Wiederholung von non iam im letzten Satz.
e) Erkläre kurz, warum Äneas im Text als non iam pius bezeichnet wird.

2. Ergänze das passende Relativpronomen:
quod – cui – quae – qua – qui – quem

a) Viri, ? in foro laborant, mercatores sunt.
b) Puella, ? ante templum stat, amica mea est.
c) Donum, ? portas, parvum est.
d) Servus, ? dominus imperat, flet.
e) Serva, ? cum hodie in forum venio, Anna est.
f) Puer, ? in foro vidimus, frater meus est.

3. Ergänze die folgenden Sätze durch den richtigen deutschen Begriff:

a) Äneas floh mit seinem Vater ? und seinem Sohn ? aus Troja. Bevor er nach Italien kam, verliebte er sich in ? in die dortige Königin ? .
b) Romulus und Remus waren die Enkel von König ? . Dessen Bruder ? hatte die beiden als Babys aussetzen lassen. Doch eine ? rettete sie.

33

nach Lektion 37

Angst und bange

1. Romani cum populis variarum regionum pugnabant. Cunctae nationes bella Romanorum timebant.
2. Quae bella semper crudelia erant.
3. Milites Romani multos viros, quos pugnis acribus vicerant, interfecerunt.
4. Etiam captivos in Italiam deduxerunt. Quorum uxores, filiae, matres miserae erant.
5. Nam servitute patrum, maritorum, filiorum dolebant.

Die Römer machten eroberte Länder zu Provinzen, die zwar unter dem Schutz des Römischen Reiches standen, aber an Rom Steuern zahlen mussten.

6. Quamquam Romani oppida pulchra in provinciis condiderunt, multi homines dominos novos non amabant.
7. Quod mirum non est: Nam ii, qui antea in libertate vixerant, nunc potestati Romanorum parere debebant.
8. Constat id provincialibus[1] non placuisse.

76 lat. Wörter

[1] prōvinciālis, is der Provinzbewohner

34

nach Lektion 38

König gesucht!

Gerade hatte Romulus die römischen Soldaten auf dem Marsfeld vor der Stadt versammelt, als ein gewaltiges Unwetter ausbrach. Es regnete so heftig, dass man die Hand vor Augen nicht mehr sehen konnte. Als der Regen aufhörte, war Romulus plötzlich verschwunden. War er in den Himmel unter die Götter aufgenommen worden? Oder hatten ihn etwa neidische Senatoren umgebracht?

1. Magnae curae animos tristes Romanorum torserunt.
2. Populus enim, qui senatores servitutemque timebat, secum cogitavit:
3. „Quis nunc nobis imperabit? Vivemusne in libertate? An occupabunt senatores imperium?
4. Eritne civitas nostra sine rege? Quam diu vitam beatam agere poterimus?
5. Quis milites nostros ducet, si hostes ad urbem contendent?
6. Aperientne senatores portas Romae? Pellentne hostes populum Romanum ex urbe? Quando tandem timore liberi erimus?“
7. Senatores autem, qui curas civium comprehenderunt, animos eorum confirmaverunt:
8. „Omittite curas! Mox regem idoneum deligemus.“
9. Paulo post senatores Romani regem novum creaverunt. Cuius mores omnes cives probabant.

So wurde der für seine Gerechtigkeits- und Friedensliebe bekannte Numa Pompilius zweiter König Roms.

87 lat. Wörter

35

nach Lektion 39

Ein verräterischer Lehrer

Im Jahre 394 v. Chr. belagerten die Römer die Stadt Falerii, die das Volk der Falisker (Falisci, orum) bewohnte. Da Falerii gut befestigt war, drohte die Belagerung sehr langwierig und verlustreich zu werden. Da griff ein Lehrer in das Kriegsgeschehen ein:

1. Faliscis mos erat pueros curae unius magistri mandare[1].
2. Patres matresque magistro dicebant: „Si liberos nostros bene docueris, magnum praemium tibi erit."
3. Magister autem, qui copias Romanorum timebat, secum cogitavit:
4. „Stultum est Romanis resistere. Qui sine fine bellum gerent, dum oppidum nostrum occupaverint. Mox nos omnes servi Romanorum erimus.
5. Sed ii mihi libertatem certe concedent, si discipulos Romanis obsides dedero[2]."
6. Magister ergo discipulos in castra Romanorum duxit.
7. Ibi imperatori Romanorum dixit:
8. „Ecce, imperator! Oppidum Faliscorum tibi nunc est, quod liberos eorum tibi obsides do[2]."
9. Sed imperator factum turpe magistri non probavit. Itaque dixit:
10. „Non ad sceleratos venisti, vir turpis. Nos bella gerimus non cum pueris, sed cum viris.
11. Romani virtute et armis hostes vincunt; dolo vincere nolunt."
12. Postquam ea verba dixit, pueros liberavit eisque virgas[3] dedit.

Mit diesen Ruten trieben die Schüler ihren Lehrer zurück nach Falerii, wo er für seinen Verrat bestraft wurde.

125 lat. Wörter

[1] mandāre anvertrauen, übergeben
[2] obsidēs dare als Geiseln ausliefern
[3] virga die Rute

36

nach Lektion 40

Eine verschlüsselte Botschaft

Kurz nachdem die Menschen erschaffen worden waren, zeigte es sich, dass sich fast alle böse und grausam verhielten. Deshalb schickte Jupiter eine große Flut, bei der sämtliche Menschen ertranken ... bis auf zwei, die als äußerst gerecht galten: ein Mann namens Deukalion (Deucalion, onis) und seine Frau Pyrrha (Pyrrha).

1. Magnus erat metus Deucalionis et Pyrrhae.
2. Nam cunctae eae regiones, quae circum tectum eorum erant, sub aqua latebant.
3. Ceteri homines, qui superbi et crudeles fuerant, vitam amiserant.
4. Deucalion magno cum gemitu ad uxorem dixit:
5. „Sine auxilio aliorum hominum vitam bonam agere non poterimus.
6. Quin oraculum Delphicum[1] petimus? Ibi consilium deorum accipiemus."
7. Sed oraculum talia verba dixit:
8. „Mittite ossa[2] matris vestrae post vos!"

---

9. Primo Deucalion putavit ea verba ad matrem suam pertinere. Diu vir pius de verbis miris secum cogitabat.
10. Tum autem Deucalion verba oraculi comprehendit et vultu laeto vocavit: „Mater nostra certe terra est!
11. Oportet igitur nos manibus lapides[3] capere et post nos mittere."

Und tatsächlich erwies sich die Deutung des Deukalion als richtig. Das Orakel hatte „Mutter Erde" gemeint. Und deren „Knochen" waren nichts anderes als ... Steine! Die Steine, die Pyrrha warf, wurden zu Frauen, die von Deukalion geworfenen verwandelten sich in Männer.

104 lat. Wörter

[1] ōrāculum Delphicum das Orakel von Delphi (in Griechenland)
[2] os, ossis *n* der Knochen
[3] lapis, idis *m* der Stein

37

nach Lektion 41

Das Parisurteil

Bei einer Götterparty hatte die Göttin des Streits und der Zwietracht einen goldenen Apfel gespendet und ihn der Schönsten aller Göttinnen gewidmet. Doch wer war die schönste Göttin? Gleich drei sahen sich als Schönheitsköniginnen: erstens Juno (Iuno, onis), Jupiters Frau, zweitens Minerva, Jupiters Tochter, und drittens Venus (Venus, Véneris), ebenfalls Jupiters Tochter. Kein Wunder, dass Jupiter hier nicht als Preisrichter auftreten wollte.

1. Iuppiter: „Ea res mihi non placet. Nam id malum[1] aureum et uxor et filiae appetunt.
2. Si unam ex eis delegero, duae deae tristes erunt.
3. Itaque oportet Mercurium eas ad Paridem[2] ducere!
4. Qui ei causae finem faciet."
5. Mercurius verbis Iovis paruit et tres deas ante muros Troiae duxit.
6. Ibi Paris[2] sub arbore[3] iacebat, cum subito Mercurius cum tribus deis adfuit et iuveni imperavit:
7. „Da malum[1] aureum ei deae, quae tibi maxime placet."
8. Dum Paris[2] adhuc dubitat, primo Iuno dixit:
9. „Filius regis es. Sed rex omnium terrarum eris, si me delegeris."
10. Tum Minerva: „Numquam rem tam stultam facies.
11. Me delige! Tum res futuras timere non debes.
12. Vir clarus fortisque eris, qui omnes res sciet, cunctas res adversas vincet, perniciem numquam timebit."
13. Venus autem: „Habeo magnam spem me Iunonem et Minervam vincere posse.
14. Nam tibi mulierem pulcherrimam[4] praebebo. Sic semper in rebus secundis vives."

Sicherlich wisst ihr, wie Paris sich entschieden hat. Hättet ihr auch so entschieden?

141 lat. Wörter

[1] mālum der Apfel
[2] Paris, Paridis Paris (Sohn des trojanischen Königs Priamos; löste den Trojanischen Krieg aus)
[3] arbor, oris der Baum
[4] pulcherrimus, a, um schönster, schönste, schönstes

Lösungen zu Campus. Ausgabe B. Prüfungen 1

Prüfungsaufgabe 1

nach Lektion 5

1. Die Sklaven und Sklavinnen gehorchen dem Herrn. **2.** Aber jetzt schweigen sie, sie lachen weder noch antworten sie. **3.** Deshalb ermahnt der Herr die Sklaven und Sklavinnen: **4.** „Was ist? Warum verbergt ihr euch hier, warum schweigt ihr, warum lacht ihr nicht, warum freut ihr euch nicht, warum antwortet ihr nicht, wovor habt ihr Angst? Wo ist der Sklave Syrus?" **5.** Die Sklavin Lydia antwortet: **6.** „Dort sind Verbrecher verborgen. Sie halten Schwerter, sie quälen den Sklaven Syrus. **7.** Deshalb verbergen wir uns hier, deshalb schweigen wir, deshalb lachen wir weder noch freuen wir uns. **8.** Wir haben Angst vor den Verbrechern. Die Geräusche erschrecken auch die Pferde." **9.** Plötzlich lacht der Herr und antwortet: **10.** „Ihr fürchtet keine Verbrecher, sondern (ihr fürchtet) Gespenster, ihr fürchtet Mädchen; denn die Gespenster sind die Mädchen Corinna und Julia." **11.** Die Mädchen lachen: „Wir sind keine Verbrecher, wir sind Gespenster. **12.** Aber jetzt quälen wir den Sklaven Syrus nicht mehr, wir erschrecken die Sklaven und Sklavinnen nicht mehr. **13.** Wir geben die Schwerter dem Herrn." **14.** Nun gefallen die „Gespenster" den Sklaven/Sklavinnen.

Prüfungsaufgabe 2

nach Lektion 6

1. Die Sklavin (sagt): „Lydus, halte das Pferd! Dann gebe ich dem Pferd Wasser." **2.** Der Sklave gehorcht der Sklavin und hält das Pferd. **3.** Jetzt gibt die Sklavin dem Pferd Wasser. Aber plötzlich sieht Lydus einen Verbrecher. **4.** Der Verbrecher hält ein Schwert; deshalb erschreckt er den Sklaven und die Sklavin. **5.** Die Sklavin weint sofort. Auch der Sklave hat Angst. **6.** Der Verbrecher (fragt): „Wer ist euer Herr? Wo verbirgt er sich?" **7.** Der Großvater (sagt): „Hier bin ich. Ich bin der Herr. Und wer bist du?" **8.** Der Verbrecher antwortet nicht, sondern schweigt zuerst. Dann (sagt er): „Wo sind die Speisen? Gebt die Speisen (her)!" **9.** Die Sklaven gehorchen dem Verbrecher sofort und geben (ihm) die Speisen. Die Speisen gefallen dem Verbrecher. **10.** Jetzt weint die Sklavin nicht mehr, schon lacht sie. Auch der Sklave hat keine Angst mehr. **11.** Auch der Herr freut sich; er dankt den Göttern.

Prüfungsaufgabe 3

nach Lektion 7

1. Der Herr sitzt hier und studiert. **2.** Die Sklaven füllen die Vorräte auf. Die Sklavinnen geben den Pferden Wasser. Dann geben sie dem Herrn eine Speise. **3.** Die Speise vergrößert die Freude des Herrn. **4.** Die Menge von Freunden und Freundinnen freut sich. **5.** Aber plötzlich schweigen die Freunde und Freundinnen, die Sklaven und Sklavinnen. Auch der Herr schweigt. **6.** Denn Winde erschrecken die Menge. Winde erschrecken auch die Pferde. **7.** Cornelias Augen schmerzen. Das Mädchen weint. **8.** Der Herr sieht die Tränen des Mädchens. Die Tränen des Mädchens bewegen den Herrn. **9.** Das Mädchen (fragt): „Warum gehorchen die Winde dem Gott Äolus nicht mehr?" **10.** Der Herr (antwortet): „Oft zerstören Winde die Wälder und Felder, die Straßen der Dörfer, die Mauern der Häuser, sie zerstören sogar Wohnblöcke Roms. **11.** Deshalb haben die Völker Angst vor den Winden. Äolus, halte die Winde (fest)!"

Prüfungsaufgabe 4

nach Lektion 8

1. Die Freunde und Freundinnen betreten schon das Haus. **2.** Der Herr ruft die Sklavin Lydia, er ruft auch die Tochter. **3.** Die Tochter und die Sklavin gehorchen. Sofort beeilen sie sich. **4.** Der Herr (sagt): „Ihr müsst arbeiten." **5.** Dann fragt er: „Wer schmückt den Tisch? Wer bereitet die Speisen (zu)? **6.** Ich habe vor, die Freude der Freunde zu vergrößern. Ich bemühe mich, die Freunde zu erfreuen. Denn die Freunde lieben die Speisen." **7.** Die Tochter (sagt): „Ich schmücke den Tisch." Lydia (sagt): „Ich bereite die Speisen zu." **8.** Die Tochter und Lydia (sagen): „Wir gehorchen und arbeiten. Wir erfreuen die Freunde." **9.** Tatsächlich erfreut das Essen die Freunde. Auch die Gemälde des Hauses gefallen den Freunden. **10.** Deshalb freut sich der Herr und dankt der Tochter und der Sklavin.

Prüfungsaufgabe 5

nach Lektion 9

1. Plötzlich arbeitet der Sklave Philippus nicht mehr, sondern weint. **2.** Der Herr fragt: „Was ist? Warum weinst du?" **3.** Der Sklave (antwortet): „Warum bereiten die Römer immer Kämpfe vor? **4.** Ihr haltet Provinzen, ihr habt Kriegsgefangene. Es ist Unrecht, Völker durch Kämpfe und Listen zu besiegen. **5.** Warum zerstören die Römer die Häuser und Dörfer der Völker? Warum müssen wir den Römern immer gehorchen? **6.** Die Römer haben eine Heimat. Aber die Sklaven der Römer sehen ihre Heimat nicht mehr." **7.** Zuerst schweigt der Großvater, lange zögert er. **8.** Dann antwortet er dem Sklaven: „Sicherlich lieben die Römer Kämpfe. Deshalb sind sie Herren. **9.** Sicherlich müssen die Sklaven hier arbeiten; die Sklaven müssen auch Mauern und Straßen vergrößern. **10.** Aber ich sehe die Tränen der Sklaven. Deshalb quäle ich weder die Sklaven noch erschrecke ich sie. **11.** Im Gegenteil bemühe ich mich, die Sklaven die Sprache der Römer zu lehren."

Zusätzliche Aufgaben I

1. a) Mehrzahl = Plural b) Befehlsform = Imperativ c) 3. Fall = Dativ d) 6. Fall = Vokativ e) Geschlecht = Genus f) Begleiter = Artikel **2.** a) mensā b) cibis c) pugnis d) dolo **3.** a) Homilia: „Praebe domino aquam, Syre! Cur non pares?" b) Servus respondet: „Nunc servus servae sum." **4.** Übersetzung b) ist richtig. **5.** a) Aeolus b) tabulae c) Via Appia d) cena **6.** a) Er ist Sklave: Itaque nunc captivus sum, servus Romanorum sum. b) Herkunft: Syrien; Familienstand: verheiratet; zwei Kinder (Sohn und Tochter). c) Die Römer sind hinterlistig (dolus) und gehen unrechtmäßig vor (iniuria). d) Die Römer sind keine Freunde, weil Freunde einander nicht erschrecken (terrent) und weil man vor Freunden keine Angst hat (timent).

Prüfungsaufgabe 6

nach Lektion 10

1. Die Sklaven betreten das Haus. **2.** Titus und Marcus betrachten die Sklaven und schweigen. **3.** Die Freunde hören die Sprache der Sklaven, aber sie kennen die Sprache nicht. **4.** Woher kommen die Sklaven? Lange zögern sie, dann fragen sie: „Woher kommt ihr, Sklaven? Wo wohnt ihr nun?" **5.** „Wir vermissen die Heimat Syrien. Hier haben wir weder Familien noch Freunde. Weder das Haus noch die Wohnblöcke Roms kennen wir. **6.** Die Sprache der Römer kennen wir nicht. Die Menge der Römer fürchten wir. **7.** Denn die Römer besiegen die Heimat Syrien mit Listen und Unrecht. **8.** Jetzt ist die Heimat Syrien eine Provinz der Römer. Wir sind Kriegsgefangene der Römer." **9.** Die Freunde warten nicht lange. Sofort lehren sie die Sklaven die Sprache der Römer.

Prüfungsaufgabe 7

nach Lektion 11

1. Die Freunde Titus und Tullius lieben das Haus, die Felder und Wälder. **2.** Aber den Freundinnen Claudia und Corinna gefallen die Gebäude Roms, das Forum und die Menschenmenge. **3.** Deshalb rufen Claudia und Corinna die Freunde. **4.** Die Freundinnen erwarten die Freunde, lange warten sie. Die Freunde kommen endlich. **5.** Claudia (sagt): „Wir wollen (ersehnen) das Kapitol (zu) sehen und das Forum (zu) betreten." **6.** Tullius zögert zuerst, aber bald gefällt der Plan der Freundinnen dem Tullius. **7.** Auch Titus freut sich und lacht. **8.** Die Freundinnen bemühen sich, die Freunde gut zu unterrichten: **9.** „Hier seht ihr das Kapitol. Dort betrachten wir die Tempel der Götter und Göttinnen. Die Römer bauen für die Götter Tempel. **10.** Die Römer erfreuen die Götter und Göttinnen durch Geschenke. Deshalb erfreuen die Götter die Römer durch Wohltaten. **11.** Die Tore der Tempel stehen jetzt nicht offen. **12.** Aber seht! Dort betreten Herren die Kurie. Mit Verstand bereiten sie Pläne vor."

Prüfungsaufgabe 8

nach Lektion 12

1. Die Freunde und Freundinnen eilen aus den Wohnblöcken zur Schule. Die Schule des Eudoxus befindet sich auf dem Forum hinter der Markthalle. **2.** Die Schüler sitzen in der Schule vor Eudoxus und müssen Eudoxus antworten. **3.** Eudoxus unterrichtet die Schüler zusammen mit einem Sklaven. Der Sklave des Eudoxus hält eine Schreibtafel. Eudoxus fragt die Schüler: **4.** „Wo sind die Provinzen der Römer, Schüler? Woher kommen die Kriegsgefangenen? **5.** Wer kennt die Götter der Römer? Warum bauen wir den Göttern Tempel?" **6.** Ein Mädchen antwortet ohne Verzögerung: „In den Tempeln danken wir den Göttern." **7.** Eudoxus freut sich: „Du antwortest richtig!" Das Mädchen und die Freundinnen lachen. **8.** Die Schüler kommen gern zur Schule, denn Eudoxus unterrichtet auch Sprachen. **9.** Der Verstand des Eudoxus gefällt den Freunden / Freundinnen.

Prüfungsaufgabe 9

nach Lektion 13

1. Paulus hat fünf Freunde. Die Freunde lieben die Heimat Rom. **2.** Den Freunden gefällt es, auf dem Forum die Gebäude zu betrachten und zu spielen. **3.** Deshalb fragt Paulus die Freunde: „Kommt ihr mit mir? Kommt mit mir! Wir eilen auf das Forum." **4.** Paulus (sagt): „Ich bleibe auf der Straße. Ihr eilt in die Gassen, hinter Mauern, zu den Markthallen. Ich bemühe mich, euch zu finden."
5. Die Freunde freuen sich und befinden den Plan des Paulus für gut. **6.** Paulus irrt auf dem Forum umher, aber er findet die Freunde nicht. Er ruft laut: „Wo seid ihr, Freunde? Wo seid ihr verborgen?"
7. Paulus ruft wieder, aber die Freunde antworten nicht. **8.** Die Tür der Markthalle steht offen, Tullius sitzt hinter der Tür. **9.** Marcus verbirgt sich in der Menschenmenge, Julia eilt aus dem Schatten in die Markthalle, Claudia bleibt hinter einer Statue. **10.** Plötzlich sieht Paulus den Schatten der Corinna. **11.** Sofort beeilt er sich und hält die Freundin fest: „Ich habe (halte) dich, nun musst du die Freunde finden."

Prüfungsaufgabe 10

nach Lektion 14

1. Schon viele Herren und viele Damen eilen auf das römische Forum. **2.** Auch eine große Menge von Sklaven und Sklavinnen füllt das Forum. **3.** Die Damen kommen mit ihren kleinen Töchtern / Söhnen aus den Dörfern und betreten die Markthallen. **4.** Dort prüfen sie zuerst die neuen Schmuckstücke; dann erwerben sie auf dem Forum eine große Menge an guten Speisen. **5.** Die Herren warten vor dem Tempel des Saturn auf die Freunde. Bald erzählen sie den Freunden von ihren neuen Plänen. **6.** Dann sehen sie eine Menge von neuen Sklaven. Sie zählen zehn Sklaven und acht Sklavinnen. **7.** Der Herr Quintus betrachtet einen kleinen Sklaven und fragt den Sklavenhändler: „Woher kommt dein kleiner Sklave? Er gefällt mir." **8.** Der Sklavenhändler antwortet: „Herr, der Sklave kommt aus Afrika. Er ist (zwar) klein, aber gut. Er arbeitet gut. **9.** Sechs von meinen Sklaven kommen aus Asien, alle Sklavinnen kommen aus Afrika. Du weißt: Das Römische Reich ist groß."

Prüfungsaufgabe 11

nach Lektion 15

1. Der Herr isst mit seiner Familie im schönen Haus. **2.** Aber plötzlich hört er die Worte vieler Sklaven. **3.** Die Sklaven treten ein. Der Sklave Syrus ruft: „Der Sohn des Sklaven Lydus ist nicht im Haus!" **4.** Der Herr (fragt): „Stehen die Türen offen? Ist der arme Junge auf der neuen Straße? Irrt er im Dorf umher?" **5.** Lydus antwortet: „Der Junge kennt die Straßen nicht und wir finden den Jungen nicht. **6.** Herr, ich bitte dich: Ruf die guten Männer! Wir müssen den kleinen Jungen finden." **7.** Der Herr eilt zum Feld und ruft alle Männer und Sklaven. **8.** Sofort kommen sie und hören die Befehle des Herrn. **9.** „Hinter dem Wald ist ein neues Feld. Eilt zu dem neuen Feld!" **10.** Tatsächlich sitzt der kleine Junge in dem neuen Feld und weint. **11.** Dann plötzlich sieht er die Sklaven des Herrn und ruft: „Hier bin ich. Kommt zu mir!" **12.** Die Sklaven hören die Worte des Jungen und antworten sofort: „Wir kommen schon. Nun musst du keine Angst mehr haben!"

Zusätzliche Aufgaben II

1. a) puellae liberae b) agro bono c) donis pulchris d) puer miser **2.** a) ego b) mihi c) nobis d) me e) nobiscum **3.** a) curiā b) templis c) aedificium d) portam e) tecum, ludum **4.** Subjekt: Lacrimae (Nom. Pl.); amicae: Gen. Sg.; filiae: Dat. Sg.; dominae: Gen. Sg.; Lacrimae amicae filiam dominae non delectant. **5.** a) [Syrus zu Anna:] „Properasne nunc ad forum?“ b) [Anna:] „Copias compleo. Venisne mecum, Syre?“ c) [Syrus:] „Libenter tecum venio.“ **6.** a) provincia b) basilica c) Julius Cäsar **7.** a) audite: Imp. Pl. – veni: Imp. Sg. – praebeo: 1. Pers. Sg. Präs. – venit: 3. Pers. Sg. Präs. – properant: 3. Pers. Pl. Präs. b) Er ist Sklavenhändler: Hic vobis servum bonum praebeo. c) Es setzt sich aus erwachsenen Römern (viri Romani), Jungen und Mädchen (pueri puellaeque) zusammen. d) Der Sklavenhändler verkauft Sklaven für die Landwirtschaft. Sie können besonders gut auf allen Äckern und Feldern (in cunctis campis agrisque), aber auch in dunklen Wäldern (in silvis nigris) eingesetzt werden. e) Er vergleicht sie mit einem Jungen, der seinem Lehrer gut gehorcht (ut puer magistro).

Prüfungsaufgabe 12

nach Lektion 16

1. Eine große Menschenmenge ist schon auf dem Forum. Hier stehen zehn Sklaven vor der Markthalle. **2.** Zwei Pferde ziehen Wagen durch die Straßen der schönen Stadt. **3.** Die Jungen eilen zur Schule. Der Lehrer wartet schon vor der Schule auf die Jungen. **4.** Der Lehrer (sagt): „Ich erzähle euch von einem großen und guten Herrn. Der Herr hat ein schönes Landhaus. Er herrscht über viele Sklaven. **5.** Oft schickt er die Sklaven in die dunklen Wälder, Felder, Äcker und Weinberge. Dort arbeiten die Sklaven gut und lange. **6.** Sie füllen die Wagen mit Getreide und vielen Vorräten. Der Fleiß der Sklaven gefällt dem Herrn. **7.** Die Sklaven sind nicht unglücklich." **8.** Die Schüler hören die Worte des Lehrers gern. Der Lehrer lobt die Jungen. „Hört! Schreibt! So vergrößert ihr euren Verstand. **9.** Bald verlassen wir die Schule; denn ich führe euch zum Haus des Herrn. Dort zeige ich euch den guten Herrn."

Prüfungsaufgabe 13

nach Lektion 17

1. Ein Freund bittet den Herrn Valerius um Hilfe. Denn er hat einen großen Weinberg, aber (nur) eine kleine Menge von Sklaven. **2.** Deshalb befindet Valerius es für gut, dem Freund Hilfe zu schicken. **3.** Valerius verlässt mit den Sklaven das Haus und führt die Sklaven zum Weinberg des Freundes. **4.** Die Sklaven gehorchen den Befehlen des Herrn, ziehen den Wagen und tragen Körbe. **5.** Plötzlich bleiben der Herr und die Sklaven auf der Straße stehen. Was zeigen die dunklen Gewitterwolken an? **6.** Der Herr ruft: „Wir können dem Freund keine Hilfe mehr leisten. Denn Winde und Wasser zerstören den Weg. **7.** Deshalb schicke ich einen Boten zum Freund. Der Freund muss ohne uns im Weinberg arbeiten."

Prüfungsaufgabe 14

nach Lektion 18

1. Pferde ziehen den Wagen unserer Familie. **2.** Ein Sklave führt die Pferde durch schöne Felder. **3.** Wir sind müde und sehnen uns nach Schatten. **4.** Deshalb machen wir halt: Nun können wir endlich im Schatten eines kleinen Waldes Wasser trinken und gute Speisen essen. **5.** Ein Freund bittet mich: „Gib mir Wein! Denn dein Wein ist gut." **6.** Sofort ist eine Sklavin da und bringt neuen Wein. **7.** Der Freund trinkt den Wein. Ich frage den Freund: „Gefällt dir der Wein?" **8.** Der Freund lobt mich: „Dein Wein gefällt mir immer. Eure Weinberge sind gut, wie ich weiß." **9.** Ich freue mich und danke dem Freund. **10.** Plötzlich aber erblickt meine Tochter hinter den Feldern kleine Gebäude und fragt: **11.** „Erblickst du etwa nicht die schönen Gebäude? Sind das kleine Tempel?" **12.** Der Freund lacht und erzählt: „So ist es nicht. Du erblickst keine Tempel, sondern Grabmäler verstorbener Männer. **13.** Die Römer bauen verstorbenen Männern Grabmäler. **14.** Bald aber kannst du in der kleinen Stadt Tempel betrachten."

Prüfungsaufgabe 15

nach Lektion 19

1. Metilius ist ein Kaufmann. Er verkauft Schmuckstücke in der Markthalle der Stadt. **2.** Er hat viel Geld, aber er strebt die Ehre eines Senators an. **3.** Deshalb steht er auf dem Forum und ruft: „Herren, ich stehe bei den Freunden in großer Ehre, auch beim Kaiser bin ich angesehen. Nun erstrebe ich das Ehrenamt eines Senators. **4.** Ich wohne in einem großen Haus. Ich herrsche über viele Sklaven. **5.** Ich habe zehn schöne Weinberge, vier Wälder und acht Felder. **6.** Ich helfe immer armen Freunden. Allen Freunden erweise ich Wohltaten. Ich opfere den Göttern. **7.** Heute bin ich ein guter und berühmter Kaufmann, bald bin ich auch ein guter Senator. Deshalb wählt mich!" **8.** Das Volk befindet die Worte des Kaufmanns weder für gut noch lobt es sie: **9.** „Deine Worte beeindrucken uns nicht. **10.** Denn wir kennen das erbärmliche Leben deiner Sklaven gut. Deine Wohltaten kennen wir nicht. Dich zu wählen, gefällt uns nicht."

Prüfungsaufgabe 16

nach Lektion 20

1. Heute ist eine große Menschenmenge auf dem Forum. Denn der Kaiser ist mit den Senatoren in der Kurie. **2.** Die Händler verkaufen den Herren / den Herrinnen Speisen, Wein und Schmuckstücke. **3.** Der Senator Manlius sucht die Händler auf, weil er seine Ehefrau durch ein kleines Schmuckstück erfreuen will. **4.** Manlius ist bei den Händlern sehr angesehen, weil er immer Schmuckstücke erwirbt. **5.** Plötzlich hören wir großes Geschrei: „Kommt! Helft! Fasst die Diebe!" **6.** Während Manlius ein Schmuckstück prüft, sind zwei Diebe da. Die Diebe wollen nicht die Schmuckstücke ergreifen. Sie wollen lieber Geld haben. **7.** Während wir uns vorbereiten, dem Senator zu helfen, ergreifen schon die Sklaven der Händler die Diebe. **8.** Obwohl die Diebe sich befreien wollen, können die Sklaven die Verbrecher festhalten. **9.** Wir aber loben den Mut der Sklaven. Dann führen wir die Diebe weg.

Prüfungsaufgabe 17

nach Lektion 21

1. Heute sind viele Frauen mit Sklaven/Sklavinnen auf dem Forum. **2.** Auch die Ehefrau des Senators kommt auf das Forum, weil sie den Vorrat an Speisen auffüllen will. **3.** Während die Frauen vor den Tischen der Händler stehen, zeigen die Händler die Preise der Speisen und Weine an. **4.** Überall ist großes Geschrei, weil die Männer und Frauen lachen, rufen und Freunde begrüßen. **5.** Aber nicht nur auf dem Forum, sondern auch in der Markthalle ist eine Menschenmenge. **6.** Hier zeigt ein Händler Frauen kleine Schmuckstücke, dort verkaufen Händler Männern schöne Gemälde. **7.** Den Händlern gefällt die Menge, weil sie viele Schmuckstücke und Gemälde verkaufen wollen. **8.** Auch Dieben gefällt die Menge. Denn die Absicht der Diebe ist es, Geld zu stehlen (fassen).

Zusätzliche Aufgaben III

1. a) adsunt → adest – nolunt → non vult – trahunt → trahit b) Gliedsätze: Dum Secundus clamorem facit, ... – Quamquam fur flet, ... c) Ein Dieb erschreckt ihn: Fur me terret. d) Der Verbrecher soll das Geld hergeben (Mitte pecuniam, scelerate!) e) Es sind zwanzig Männer (viginti). f) Er versucht, auf die „Tränendrüse zu drücken" und so Mitleid zu erregen (Quamquam fur flet ...). g) Er spricht den Dieb an. **2.** carrum trahere: einen Wagen ziehen – aquam bibere: Wasser trinken – nuntium scribere: eine Nachricht schreiben **3.** a) Pater hodie cum senatoribus curiam petit. b) Imperatori claro honorem novum praebere volunt. **4.** a) patronus b) patria potestas **5.** a) Kampanien b) Totenstädte

Prüfungsaufgabe 18

nach Lektion 22

1. Alle alten Völker bauten den Göttern viele Tempel. **2.** Auch die Römer erfreuten die Götter und Göttinnen durch große Tempel. **3.** Deshalb hatten nicht nur Saturn und Concordia – wie ihr wisst –, sondern auch Minerva, Diana und Neptun, der Bruder des Jupiter, große und berühmte Tempel. **4.** Aber Jupiter, der höchste Gott, übertraf die übrigen Götter durch die Zahl der Tempel. **5.** Denn es befanden sich zehn Tempel des Jupiter in den verschiedenen Gassen und Foren Roms. Der größte Tempel des Jupiter aber befand sich auf dem Kapitol. **6.** Weil der Vater der Götter den Römern große Wohltaten erwies (gab), dankte das römische Volk dem Gott des Himmels; es füllte die Altäre des Jupiter mit Wein und Getreide an und gab dem Bruder des Neptun viele Geschenke. **7.** Deshalb half Jupiter dem römischen Volk; er bewahrte den Kaiser, die Senatoren und die römischen Männer und Frauen, wie die Römer meinten.

Prüfungsaufgabe 19

nach Lektion 23

1. Carcophorus war kein Gladiator, sondern ein Tierkämpfer. **2.** Deshalb war es nicht die Aufgabe des Carcophorus, mit Gladiatoren zu kämpfen, sondern große Tiere zu töten. **3.** Der berühmte Mann kämpfte immer mit fünf, oft auch mit zehn Tieren. **4.** Deshalb kamen Männer und Frauen aus allen Teilen des römischen Reiches zum Amphitheater der Stadt (Rom), weil sie Carcophorus betrachten wollten. **5.** Während die übrigen Tierkämpfer kämpften, betrachtete das Volk die Kämpfe mit geringer Freude. **6.** Immer wenn aber Carcophorus die Arena betrat und das Volk begrüßte, machten alle Römer großen Lärm. **7.** Denn sie wussten: Carcophorus kämpft immer mit höchster Tapferkeit. **8.** Niemals fürchtete er den Tod oder Schmerzen. In allen Kämpfen war er der Sieger. **9.** Deshalb lobten und liebten die Römer Carcophorus wegen seiner höchsten Tapferkeit viele Jahre lang.

Prüfungsaufgabe 20

nach Lektion 24

1. Die Römer liebten die Spiele der Gladiatoren. **2.** Deshalb kamen die Menschen aus allen Gegenden zu den Spielen in die Stadt; dort wollten sie die Kämpfe der Tiere und Gladiatoren im Amphitheater betrachten. **3.** Die Gladiatoren betraten durch ein Tor die Arena. In der Arena begrüßten sie zuerst die Menge der Menschen, dann kämpften sie mit Tieren oder (anderen) Gladiatoren. **4.** Die Gladiatoren mussten das Volk durch Tapferkeit erfreuen. **5.** Denn es war dem Volk erlaubt, einem Gladiator das Leben zu schenken, wenn er gut kämpfte. **6.** Deshalb bemühten sich berühmte Gladiatoren, nicht durch List und Unrecht, sondern durch Tapferkeit Sieger zu sein.

Prüfungsaufgabe 21

nach Lektion 25

1. Zosimus (sagt): „Eine Menschenmenge befand sich auf dem Marktplatz. Händler verkauften Speisen und Weine, Männer und Frauen freuten sich. **2.** Plötzlich aber eilte ein Mann auf den Marktplatz und rief: ‚Kommt ins Amphitheater, Männer und Frauen! **3.** Eilt zu den Spielen! Dort kommen berühmte Gladiatoren unter eure Augen. **4.** Oder wollt ihr keine Kämpfe, Gefahren, Tode und Sieger sehen?‘ **5.** Nicht nur die Einwohner von Pompeji eilten zum Amphitheater, sondern auch eine Menge von Einwohnern von Nuceria betrat das Amphitheater. **6.** Während die Gladiatoren kämpften, hörten die Einwohner von Nuceria plötzlich schlimme Worte und Beleidigungen. **7.** Denn die Einwohner von Pompeji schrien: ‚Warum schaut ihr unsere Schauspiele an, Einwohner von Nuceria? **8.** Warum verlasst ihr uns nicht, warum sorgt ihr nicht für eure Angelegenheiten? Ihr seid Diebe und Verbrecher!‘ **9.** Die Einwohner von Nuceria aber – das ist nicht erstaunlich – befanden die schlimmen Worte nicht für gut und zögerten nicht zu kämpfen. **10.** Sie kämpften viele Stunden lang mit den Einwohnern von Pompeji."

Prüfungsaufgabe 22

nach Lektion 26

1. Es war tiefe Nacht. **2.** Tiefer Schlaf hielt Menschen und Tiere gefangen, als plötzlich eine große Gefahr die Gemeinden der Provinz Asien erschreckte. **3.** Zuerst weckte ein sonderbares Geräusch die Menschen auf, dann bewegte sich die Erde viele Stunden (lang). **4.** Angst hielt alle Menschen gefangen. **5.** Weil das Sonnenlicht fehlte, konnten die Menschen nichts erblicken; sie hörten nur das Krachen der Gebäude und die Stimmen der Männer und Frauen. **6.** Deshalb weinten auch die Jungen und Mädchen mit lauter Stimme. **7.** Weil sie die Häuser und Städte verlassen wollten, bereiteten alle Familien die Flucht vor, dann füllten sie die Straßen (an) und eilten aus der Stadt auf die Äcker. **8.** So rettete sich die Menge endlich aus der Gefahr.

Prüfungsaufgabe 23

nach Lektion 27

1. Die Menschen bauten unter dem Berg Vesuv viele Städte. **2.** Denn sie liebten diese schöne Gegend. Sie kannten die Gefahren des Berges nicht. **3.** Zuerst erhob sich ein sonderbares und schwarzes Ungeheuer aus dem Berg. **4.** Dann fehlte das Licht der Sonne. Auch die Stadt lag im Dunkeln. **5.** Deshalb wollten viele Familien lieber die Rettung in der Flucht suchen als in der Stadt bleiben. **6.** Das Geschrei der Menschen erfüllte die Stadt. **7.** Viele Menschen irrten durch die sonderbare Dunkelheit und eilten durch die Tore auf die Felder. **8.** Ein kleiner Teil des Volkes aber zögerte, die Stadt zu verlassen. Die armen Menschen blieben unter den Dächern der Gebäude; so versuchten sie, ihr Leben zu retten. **9.** Aber sie warteten vergeblich auf Hilfe, weil der Berg alle Häuser zerstörte; viele Menschen verloren ihr Leben.

Zusätzliche Aufgaben IV

1. a) erant → fuerunt – erat → fuit – imperabat → imperavit b) dei: Nom. Pl. – caelo: Dat. Sg. – terris: Dat. Pl. – filiae: Nom. Pl. – filii: Nom. Pl. – sapientiae: Gen. Sg. c) Iuppiter: summus deus, caelum et terrae – Minerva: dea sapientiae – Diana: dea bestiarum – Neptunus: dominus aquarum – Mercurius: nuntius deorum d) Jupiter: Vollbart, Blitzbündel – Minerva: Helm, Schild, Lanze – Diana: Pfeil und Bogen mit Köcher, Hirschkuh – Neptun: Dreizack – Merkur: Flügelhelm, Flügelschuhe e) Venus: Aphrodite – Bacchus: Dionysos – Iuno: Hera **2.** Genitivformen: solis, partis, doloris, hominis **3.** a) regionibus b) timoribus c) montes d) periculis e) sororibus f) mulieres **4.** a) magnae virtutis b) parvum fontem c) magnae / magnas partes d) victori claro e) hominum miserorum f) nationibus liberis **5.** a) Mars b) Aquädukte **6.** a) luxuria b) varius, a, um c) antiquus, a, um d) regio e) natio f) pars

Prüfungsaufgabe 24

nach Lektion 28

1. Herkules war ein Sohn des Jupiter und der Alkmene. **2.** Aber auch wenn Jupiter Herkules' Vater war, war dessen Leben oft in höchster Gefahr. **3.** Denn Juno, die Ehefrau des Jupiter, liebte den Sohn der Alkmene nicht, sondern bemühte sich, ihn zu töten. **4.** Deshalb schickte Juno in der Dunkelheit der Nacht zwei Schlangen zum Haus des Herkules. **5.** Dessen Mutter erblickte weder diese schwarzen Tiere noch fühlte sie die Gefahr. **6.** Sieh da! Schon griffen die Schlangen den Jungen an, umschlängelten und quälten ihn. **7.** Der Junge Herkules weinte nicht, sondern zeigte erstaunliche Tapferkeit. **8.** Denn ohne Waffen besiegte er die (wilden) Tiere. Diese verloren das Leben. **9.** Während die Schlangen tot auf der Erde lagen, lachte der Sieger Herkules.

Prüfungsaufgabe 25

nach Lektion 29

1. Herkules saß an dem Weg und zweifelte: **2.** „Ich habe schon viele Städte gesehen, schon viele Tiere besiegt, schon viele berühmte Taten vollbracht. **3.** Aber ich habe noch nicht den zukünftigen Weg meines Lebens gefunden. **4.** Wer kann mir einen guten Rat geben?" **5.** Plötzlich aber kamen zwei Frauen zu Herkules und wandten sich zu ihm (hin): **6.** „Höre! Wir sind vom Himmel herabgestiegen. Wir sind Göttinnen. Ich bin Luxuria (= der Luxus). Bei Herren und Königen stehe ich in höchster Ehre. **7.** Wenn du mit mir kommst, musst du weder arbeiten noch studieren. Das zukünftige Leben ist voll von Freude." **8.** Aber die Göttin Virtus sagte: „Wenn du der Luxuria gehorchst, Herkules, kannst du kaum Ehre erwerben. **9.** Wenn du Dank und Ehren erwerben willst, musst du kämpfen und arbeiten. So kannst du nach dem Tod ein Gott sein." **10.** Dann verließen die Göttinnen Herkules. Dieser aber begriff: „Wenn ich ein berühmter Mann sein will, muss ich den Worten der Virtus gehorchen."

Prüfungsaufgabe 26

nach Lektion 30

1. „Plötzlich war ein Gespenst da. Sofort quälte uns große Furcht. **2.** Während wir schwiegen, erzählte das sonderbare Ungeheuer: ‚Ich bin – wie ihr – ein Mensch. **3.** Ich war aber ein Verbrecher. Denn ich habe dieses Haus in der Nacht mit Waffen betreten und den Herrn und alle Sklaven getötet.' **4.** ‚Aber nun freue ich mich, dass ihr das Haus betreten habt. Ich bitte euch um Hilfe. Schon lange sehne ich mich nach Freunden. **5.** Deshalb bin ich zu euch gekommen. Denn ihr könnt mir Freiheit und Rettung geben, wenn ihr die Angst besiegt und ...' **6.** Plötzlich schwieg das Ungeheuer und ... schrie: ‚Seht! Licht ist da! Die Sonne geht auf. **7.** Nun muss ich euch verlassen, aber in der nächsten Nacht könnt ihr mich wieder sehen. Auch wenn ich ein böser Mann gewesen bin, müsst ihr mir dennoch helfen.' **8.** Dann eilte es zur Mauer und ging durch die Mauer hindurch. **9.** Wir aber warteten nicht auf die nächste Nacht, sondern verließen (noch) in dieser Stunde das Haus."

Prüfungsaufgabe 27

nach Lektion 31

1. Die Schüler (sagen): „Wir wissen, Eudoxus, dass Laokoon ein angesehener Mann war/gewesen ist. **2.** Deshalb mahnte Laokoon die Trojaner mit (den) berühmten Worten: ‚Ich fürchte die Griechen, auch wenn sie uns Geschenke bringen. Haltet das Pferd von der Stadt ab! Rettet euch und eure Kinder! **3.** Begreift ihr etwa nicht, dass eine List in diesem Pferd verborgen ist?' **4.** Warum aber haben die Trojaner die Gefahr nicht bemerkt, Eudoxus? **5.** Warum haben sie den Worten des Laokoon nicht nachgegeben?" **6.** Eudoxus (antwortet): „Sicherlich gefällt mir euer Eifer, Schüler! **7.** Deshalb antworte ich euch gerne. **8.** Es ist bekannt, dass die Götter Laokoon bestrafen wollten. **9.** Laokoon gehorchte nämlich nicht immer dem Willen der Götter. **10.** Deshalb schickten die Götter zwei große Schlangen zu Laokoon. **11.** Homer erzählt, dass diese den Mann und seine Söhne angegriffen (aufgesucht) und vor den Augen der Trojaner getötet haben. **12.** Die Trojaner glaubten, dass dies ein Zeichen der Götter gewesen war. Deshalb zogen sie das Pferd in die Stadt."

Prüfungsaufgabe 28

nach Lektion 32

1. Endlich kam Odysseus zu der Insel, wo Kalypso, eine schöne Frau, lebte. **2.** Odysseus irrte an der Küste umher, als Kalypso ihn plötzlich erblickte. Liebe ergriff sie sofort. **3.** Kalypso führte Odysseus mit sich zu ihrem Haus. **4.** Sie glaubte nämlich, dass sie nun einen guten Ehemann gefunden habe/hätte. **5.** Deshalb wollte Kalypso ihn immer bei sich festhalten. **6.** Zuerst liebte auch Odysseus diese Frau. **7.** Er dachte nicht mehr an seine Gattin Penelope; weder für seine Heimat noch für seine Bürger sorgte er. **8.** Denn Kalypso erfreute ihn mit ihrer Liebe und mit vielen Wohltaten. **9.** Deshalb blieb Odysseus sieben Jahre (lang) bei der schönen Frau. **10.** Lange Zeit gefiel dieses gute Leben dem Odysseus, aber endlich dachte er bei sich: **11.** „Jetzt ist es nötig, dass ich die Heimat aufsuche und meine Ehefrau besuche." **12.** Kalypso aber wollte diesen Mann nicht verlieren. Sie wollte Odysseus auf ihrer Insel halten. **13.** Aber die Macht der Götter hatte mehr Einfluss als der Wille der Frau: Jupiter machte der Liebe ein Ende ... Odysseus suchte seine Heimat auf.

Prüfungsaufgabe 29

nach Lektion 33

1. Ihr habt gehört, dass der Sohn des Königs der Trojaner Helena, eine schöne Frau, geliebt hat (hatte). **2.** Obwohl Helena die Ehefrau des Königs der Griechen war, führte Paris sie mit sich in seine Heimat. **3.** Deshalb griffen die Griechen Troja an. **4.** Weil dieses Geschenk den Trojanern gefallen hatte, zogen die Trojaner das große Pferd in die Stadt. **5.** Sie hatten nämlich geglaubt, dass die Griechen den Krieg beendet hatten. **6.** Aber die Trojaner irrten sich; denn griechische Männer waren in dem Pferd verborgen. **7.** Sie hofften, dass sie durch diese List die Stadt erobern könnten. **8.** Nachts stiegen die Männer aus dem Pferd und eilten zu den Toren der Stadt. Schon standen die Tore offen. Die übrigen Griechen hatten dies vor den Toren schon viele Stunden lang erwartet. **9.** Nun betrat eine Menge von Griechen Troja. Wenig später hatten die Griechen die Stadt erobert und einen großen Teil der Trojaner getötet. **10.** Es ist bekannt, dass nicht viele Trojaner durch Flucht ihr Leben gerettet haben.

Zusätzliche Aufgaben V

1. a) comprehendis: 2. Pers. Sg. Präs. – egit: 3. Pers. Sg. Perf. – misit: 3. Pers. Sg. Perf. – moverunt: 3. Pers. Pl. Perf. – comprehendi: 1. Pers. Sg. Perf. – vicit: 3. Pers. Sg. Perf. Man erkennt die Perfektformen entweder an der Art der Perfektbildung (misit: s-Perfekt, egit, vicit: Dehnungsperfekt) oder an den Personalendungen, die es nur im Perfekt gibt (comprehendi, moverunt). b) egit → egerat – misit → miserat – moverunt → moverant – comprehendi → comprehenderam – vicit → vicerat c) Die wörtlichen Reden von Titus und Valerius zeigen, dass es sich um ein Gespräch handelt, außerdem die direkte Ansprache in der 2. Pers. Sg.: „Comprehendisne?". d) Augias war ein mythischer griechischer König und Besitzer eines riesigen Rinderstalls, der 30 Jahre lang nicht mehr gereinigt worden war. Eurystheus trug dem Herkules auf, diesen Stall binnen eines Tages zu reinigen. Herkules gelang dies, indem er den Fluss Alpheus in den Stall umleitete. e) Herkules hat mit „Köpfchen" statt mit Muskelkraft die ihm gestellte Aufgabe bewältigt. Er war also nicht nur sehr stark, sondern auch schlau. **2.** a) Übersetzung (3) ist richtig. b) Übersetzung (3) ist richtig. **3.** a) Constat amorem viri Troiam delevisse. b) Scimus multos viros urbem auxilio equi superavisse. **4.** a) labor, laborare b) ingenium c) officium d) respondere e) imperare f) civis **5.** a) Turnus b) Griechen c) Dido

Prüfungsaufgabe 30

nach Lektion 34

1. Viele Jahre lang hatte Laios, der König von Theben, keine Kinder. **2.** Endlich sagte seine Ehefrau: „Du sollst/musst nicht verzweifeln, Ehemann! **3.** Ich glaube nämlich, dass die Götter unsere Bitten erhört haben." **4.** Der König hatte diese Worte der Ehefrau zuerst mit großer Freude gehört; aber ein wenig später begriff er, dass er in höchster Gefahr war. **5.** Laios hatte nämlich im Traum gesehen, dass der Sohn vorhabe, den Vater zu töten. **6.** Laios fasste einen heftigen Entschluss und befahl den Soldaten: **7.** „Bringt den Jungen aus der Stadt und tötet ihn!" **8.** Die Soldaten aber gehorchten dem Befehl des Königs nicht. **9.** Weil sie einen so kleinen Jungen nicht töten wollten, ließen sie ihn in den Bergen zurück. **10.** Dort hörte Periböa, die Ehefrau des Königs von Korinth, das Geschrei des Jungen, leistete schnelle Hilfe, nahm ihn mit sich und sorgte für ihn wie für einen Sohn.

Prüfungsaufgabe 31

nach Lektion 35

1. Ödipus war bereits ein kräftiger junger Mann. **2.** Alle Freunde und Gefährten übertraf er durch seine erstaunliche Tüchtigkeit. **3.** Nachdem Ödipus viele Jahre lang beim König von Korinth gelebt hatte, glaubten alle Bürger, dass er der Sohn des Königs sei. **4.** Aber einer von den Gefährten wusste, dass die Ehefrau des Königs den Jungen Ödipus in den Bergen gefunden hatte; deshalb klagte er den jungen Mann an: **5.** „Es steht fest, dass du nicht der Sohn unseres Königs bist. Verlass die Stadt und unsere Gegend!" **6.** Ödipus war traurig über diese grausamen Worte, aber er konnte sich nicht verteidigen. **7.** Er fühlte nämlich, dass diese Worte des Gefährten nicht falsch waren. **8.** Deshalb verließ er tatsächlich Korinth und die lieben Freunde mit trauriger Gesinnung. **9.** Während er Delphi aufsuchte, sah er auf dem Weg plötzlich einen Wagen. Ein Mann stieg vom Wagen und befahl (dem) Ödipus: **10.** „Weiche sofort vom Weg, schändlicher junger Mann!" **11.** Weil die scharfen Worte des Mannes Ödipus verletzt hatten, rührte er sich (wich er) nicht von der Stelle; er ergriff diesen Mann und tötete ihn.

Prüfungsaufgabe 32

nach Lektion 36

1. Äneas, der gesehen hatte, dass er die Stadt nicht mehr verteidigen konnte, rief seine Begleiter zu sich und sagte: **2.** „Obwohl unsere Soldaten mit höchster Tapferkeit gekämpft haben, sind viele Bürger gestorben. **3.** Die Griechen haben Troja, das wir zehn Jahre lang verteidigt haben, erobert. **4.** Es steht fest, dass wir die Stadt nicht retten können. Es ist nötig, dass wir unsere Rettung in der Flucht suchen. **5.** Denn meine Pflicht ist es, mit euch eine neue Stadt zu gründen. So befehlen es die Götter. **6.** Bleibt hier an der Küste und wartet auf mich!" **7.** Während die Begleiter auf Äneas warteten, suchte dieser pflichtbewusste Mann lange in der Dunkelheit nach seiner Ehefrau, fand sie aber nicht. **8.** Er glaubte, dass die grausamen Griechen sie getötet hätten. **9.** Nachdem er die Hoffnung auf die Rettung seiner Ehefrau aufgegeben hatte, eilte er wieder zur Küste. **10.** Dort erwarteten ihn auch sein Vater, den er aus der Stadt getragen hatte, und sein kleiner Sohn. **11.** Dann verließen alle Trojaner den traurigen Ort und ihre Heimat.

Zusätzliche Aufgaben VI

1. a) Video Aeneam non iam gladium secum habere, non iam de patria nova cogitare, non iam pium esse. b) Dido war die Königin der nordafrikanischen Stadt Karthago. c) Dido kümmert sich nicht mehr um die Bauten und die Bürger ihrer Stadt, kümmert sich nicht mehr um die Staatspflichten, denkt nur noch an sich. Äneas trägt nicht einmal mehr sein Schwert als Zeichen seines Anführertums und denkt auch nicht an seinen Auftrag, eine neue Heimatstadt, ein neues Troja zu gründen. d) Die dreimalige Wiederholung von non iam in der Rede Jupiters macht deutlich, wie sehr sich Äneas von seinem früheren positiven Verhalten entfernt hat; er ist nicht mehr (non iam) wiederzuerkennen.
e) Äneas wird als non iam pius bezeichnet, weil er zwar zuvor pius war (er hatte ja seinen alten Vater Anchises und seinen Sohn Askanius aus dem brennenden Troja gerettet und war aufgebrochen, um eine neue Heimat zu gründen, s. Prüfungsaufgabe 32), diese Eigenschaft aber durch seinen Aufenthalt bei Dido verloren und seine Pflichten vernachlässigt hat. **2.** a) qui b) quae c) quod d) cui e) quā f) quem **3.** a) Anchises, Julus / Askanius, Karthago, Dido b) Numitor, Amulius, Wölfin

Prüfungsaufgabe 33

nach Lektion 37

1. Die Römer kämpften mit den Völkern verschiedener Gegenden. Alle Völker fürchteten die Kriege der Römer. **2.** Diese Kriege waren immer grausam. **3.** Die römischen Soldaten töteten viele Männer, die sie in heftigen Kämpfen besiegt hatten. **4.** Sie führten auch Kriegsgefangene nach Italien. Deren Ehefrauen, Töchter, Mütter waren unglücklich. **5.** Denn sie waren traurig über die Sklaverei ihrer Väter, Ehemänner und Söhne. **6.** Obwohl die Römer in den Provinzen schöne Städte gründeten, liebten viele Menschen die neuen Herren nicht. **7.** Das ist nicht erstaunlich: Denn die, die vorher in Freiheit gelebt hatten, mussten nun der Gewalt der Römer gehorchen. **8.** Es ist bekannt, dass dies den Provinzbewohnern nicht gefiel.

Prüfungsaufgabe 34

nach Lektion 38

1. Große Sorgen quälten die traurigen (Geister der) Römer. **2.** Das Volk, das die Senatoren und (die) Sklaverei fürchtete, dachte nämlich bei sich: **3.** „Wer wird jetzt über uns herrschen? Werden wir in Freiheit leben? Oder werden die Senatoren die Herrschaft einnehmen? **4.** Wird unser Staat ohne König sein? Wie lange werden wir ein glückliches Leben führen können? **5.** Wer wird unsere Soldaten führen, wenn die Feinde zur Stadt eilen (werden)? **6.** Werden die Senatoren die Tore Roms öffnen? Werden die Feinde das römische Volk aus der Stadt vertreiben? Wann werden wir endlich frei von Angst sein?" **7.** Die Senatoren aber, die die Sorgen der Bürger begriffen, ermutigten diese (deren Geister): **8.** „Lasst die Sorgen! Bald werden wir einen geeigneten König auswählen." **9.** Ein wenig später wählten die römischen Senatoren einen neuen König. Dessen Charakter befanden alle Bürger für gut.

Prüfungsaufgabe 35

nach Lektion 39

1. Die Falisker hatten den Brauch, die Jungen der Sorge eines einzigen Lehrers anzuvertrauen. **2.** Die Väter und Mütter sagten dem Lehrer: „Wenn du unsere Kinder gut unterrichtest / unterrichtet hast, wirst du eine große Belohnung haben." **3.** Der Lehrer aber, der die Truppen der Römer fürchtete, dachte bei sich: **4.** „Es ist dumm, den Römern Widerstand zu leisten. Diese werden ohne Ende Krieg führen, bis sie unsere Stadt eingenommen haben. Bald werden wir alle Sklaven der Römer sein. **5.** Aber diese werden mir sicherlich die Freiheit zugestehen, wenn ich den Römern die Schüler als Geiseln ausliefere." **6.** Also führte der Lehrer die Schüler in das Lager der Römer. **7.** Dort sagte er zum Feldherrn der Römer: **8.** „Sieh da, Feldherr! Die Stadt der Falisker gehört jetzt dir, weil ich dir ihre Kinder als Geiseln ausliefere." **9.** Aber der Feldherr befand die schändliche Tat des Lehrers nicht für gut. Deshalb sagte er: **10.** „Du bist nicht zu Verbrechern gekommen, schändlicher Mann. Wir führen Kriege nicht mit Jungen, sondern mit Männern. **11.** Die Römer besiegen die Feinde durch Tapferkeit und Waffen; sie wollen nicht durch List siegen." **12.** Nachdem er diese Worte gesagt hatte, befreite er die Jungen und gab ihnen Ruten.

Prüfungsaufgabe 36

nach Lektion 40

1. Die Furcht des Deukalion und der Pyrrha war groß. **2.** Denn alle diese Gebiete, die um ihr Haus herum waren, waren unter Wasser verborgen. **3.** Die übrigen Menschen, die überheblich und grausam gewesen waren, hatten das Leben verloren. **4.** Deukalion sagte unter großem Seufzen zu seiner Ehefrau: **5.** „Ohne die Hilfe der anderen Menschen werden wir kein gutes Leben führen können. **6.** Warum suchen wir nicht das Orakel von Delphi auf? Dort werden wir den Rat der Götter empfangen." **7.** Aber das Orakel sprach derartige Worte: **8.** „Werft die Knochen eurer Mutter hinter euch!" **9.** Zuerst glaubte Deukalion, dass sich diese Worte auf seine Mutter beziehen. Lange dachte der fromme Mann über die sonderbaren Worte bei sich nach. **10.** Dann aber begriff Deukalion die Worte des Orakels und rief mit fröhlichem Gesichtsausdruck: „Sicherlich ist die Erde unsere Mutter! **11.** Wir müssen also mit unseren Händen Steine nehmen und hinter uns werfen."

Prüfungsaufgabe 37

nach Lektion 41

1. Jupiter (sagte): „Diese Sache gefällt mir nicht. Denn sowohl meine Ehefrau als auch meine Töchter wollen diesen goldenen Apfel haben. **2.** Wenn ich eine von diesen auswähle, dann werden zwei Göttinnen traurig sein. **3.** Deshalb muss Merkur sie zu Paris führen! **4.** Dieser wird dieser Sache ein Ende machen." **5.** Merkur gehorchte den Worten des Jupiter und führte die drei Göttinnen vor die Mauern Trojas. **6.** Dort lag Paris unter einem Baum, als plötzlich Merkur mit den drei Göttinnen da war und dem jungen Mann befahl: **7.** „Gib den goldenen Apfel der Göttin, die dir am meisten gefällt." **8.** Während Paris noch zögerte, sagte Juno zuerst: **9.** „Du bist ein Königssohn. Aber du wirst König aller Länder sein, wenn du mich wählst." **10.** Dann (sagte) Minerva: „Niemals wirst du eine so dumme Sache machen. **11.** Wähle mich! Dann musst du die Zukunft nicht fürchten. **12.** Du wirst ein berühmter und tapferer Mann sein, der alle Dinge wissen, alles Unglück besiegen und niemals das Verderben fürchten wird." **13.** Venus aber (sprach): „Ich habe große Hoffnung, dass ich Juno und Minerva besiegen kann. **14.** Denn ich werde dir die schönste Frau geben. So wirst du immer im Glück leben."